SK텔레콤 고객가치혁신
1등의 Secret

SK텔레콤 고객가치혁신
1등의 Secret

발 행 일	2023년 5월 25일 초판 1쇄 발행
지 은 이	한국표준협회미디어
발 행 인	김병석
기 획	한국표준협회 서비스경영본부 김태완, 윤정상
감 수	SK텔레콤 고객 인사이트팀 강민수, 박정우, 류미나
편 집	노지호
발 행 처	한국표준협회미디어
출 판 등 록	2004년 12월 23일 (제2009-26호)
주 소	서울시 강남구 테헤란로69길 5, 3층 (삼성동)
전 화	02-6240-4891
팩 스	02-6240-4949
홈 페 이 지	www.ksam.co.kr

KSAM 출판자문위원회
이석연 법무법인 서울 대표변호사, 헌법학자 (前 법제처장)
이유재 서울대학교 경영대학 석좌교수
신완선 성균관대학교 시스템경영공학부 교수
표현명 한국타이어앤테크놀로지 사외이사 (前 KT, 롯데렌탈 대표이사 사장)
배경록 前 씨네21 대표
한경준 前 한국경제신문 한경BP 대표이사
강명수 한국표준협회 회장 (당연직)

ISBN 979-11-6010-063-1 03320

정가 17,000원

잘못된 책은 바꿔드립니다.
한국표준협회미디어의 허가 없이 무단 전재 및 복재를 금합니다.

— SK텔레콤 고객가치혁신 —

1등의 Secret

| 한국표준협회미디어 지음 |

KSAM

목 차

프롤로그　　007　　고객을 끊임없이 연구하는 회사

Chapter 1 — 멈추지 않는 꾸준함의 힘

- 015　1　고객만족도 23년 연속 1위의 비밀
- 020　2　위기 감지 시스템이 작동하다
- 026　3　고객 이해를 위해 못할 것이 없다
- 032　4　고객의 마음을 읽는 2개의 질문
- 037　5　한 달에 한 번 열리는 가장 중요한 회의

Chapter 2 — 기업의 이익보다 고객의 이익이 먼저다

- 045　1　만족한 고객은 떠나지 않을까?
- 051　2　착한 기업이 오래간다
- 058　3　요금제의 고정관념을 깬 두 번의 혁신
- 065　4　'원조' 멤버십 서비스의 변신
- 072　5　문자메시지, 정보와 광고 사이를 오가다
- 078　6　내 가족이라는 마음으로

Chapter 3

새로운 세대의 탄생

- 089　1　365일, 고객만을 연구하는 조직
- 094　2　고객을 넘어 전 국민을 향해
- 100　3　MZ세대가 통신사를 떠나는 이유
- 108　4　'지(Z)'들이 대체 뭔데?
- 114　5　개성과 라이프스타일로 뭉친 새로운 고객들
- 121　6　옷 갈아입듯 바뀌는 '레이어드 홈'
- 128　7　인구 변화가 만드는 새로운 미래
- 136　8　Z세대보다 센 A세대가 온다
- 146　9　외국인, 유일하게 성장하는 시장
- 153　10　요즘 아이들은 무슨 생각을 할까?
- 159　11　'오운완', '오하독' 새로운 루틴을 찾다
- 162　12　최신 앱에서 고객 트렌드를 읽다
- 172　13　트렌드 변화에 '촉수'를 세우다

책 속의 책

SK텔레콤 고객가치혁신에 대한 몇 가지 질문

- 184　**Question 1 고객경험관리 도입의 배경은?**
  고객만족도를 고민하다
- 188　**Question 2 고객경험관리의 도입 과정은?**
  글로벌 기업 목표로 해외 벤치마킹 추진
- 192　**Question 3 고객경험관리 실행 프로세스는?**
  고객과 만나는 '터치포인트'를 개선하다
- 195　**Question 4 고객경험관리의 측정과 평가는?**
  고객이 체감하는 기대가치를 높이다
- 198　**Question 5 조직 구성원들을 위한 변화관리는?**
  사내외 커뮤니케이션 강화로 공감대 형성

고객을
끊임없이 연구하는 회사

프롤로그

'고객' 사라지고 '평가'만 남은 고객만족활동

많은 기업들이 다양한 형태로 고객만족활동cs을 추진하고 있다. 요즘은 '고객'을 내세우지 않는 기업을 보는 것이 더 어려운 일이 됐다. 모두가 고객만족을 앞세우고 고객만족의 중요성을 내세우고 있지만, 고객만족경영에 대한 요즘 기업들의 분위기는 예전만 못한 것 같다.

기업 경영 일선에서 고객만족활동이 위축되고 있는 모습도 보인다. 기업 내부의 CS 관련 조직이 축소되거나 관련 업무를 수행하는 담당자 수가 줄어들고 있는 것도 현실이다. 고객만족경영에 대한 경영자의 관심도 과거에 비하면 줄어든 것 같다.

고객의 불만이 모두 해소됐기 때문에 그런 것일까? 아니면 고객만족활동이 이미 충분히 이루어지고 있기 때문일까?

고객만족활동은 끝이 없고 멈출 수도 없는 일이다. 고객이 불만을 느끼지 않는다기보다 고객만족활동이 일상화되면서 형식적으로 흐르는 면도 있는 것처럼 보인다. 고객만족활동을 열심히 하고 있는 기업들을 봐도 정기적인 평가 점수를 받기 위한 활동 정도로 인식하는 경우가 많다. 매너리즘으로 인해 언젠가부터 '고객'은 사라지고 '평가'만 남은 고객만족활동이 명맥을 유지하는 모습도 볼 수 있다. 고객 접점에서 고객들을 응대하고 친절 서비스를 제공하는 것이 고객만족활동의 전부인 것처럼 생각하는 기업들도 여전히 존재한다. 고객만족활동의 개념을 새롭게 정립하고 한 단계 성장할 수 있는 계기가 필요한 시점이다.

그런 면에서 한국표준협회가 주관하는 KS-SQI 조사에서 23년간 한번도 1위를 놓치지 않은 SK텔레콤의 고객만족활동은 우리 산업계에 시사하는 바가 크다. 영원한 1등이 없는 치열한 경쟁의 시대에 23년 연속 1위의 기록을 써내려가고 있는 SK텔레콤의 사례를 벤치마킹하는 것은 매우 의미가 있는 일이다.

멈추지 않은 꾸준함이 성공 비결

SK텔레콤의 고객만족경영 뿌리는 매우 깊다. 전신인 한국이동

▲ 1993년 SK텔레콤이 국내 최초로 도입한 CS전담반의 업무 모습.

통신이 1993년 우리나라 최초로 CS전담반을 설치하고 24시간 고객상담센터를 운영하면서 본격적인 고객만족경영에 나섰다. 이후 2008년 본격적으로 고객경험관리$_{CEM}$를 전사적인 경영이념으로 도입하면서 기업 경영의 핵심으로 떠올랐다.

  고객경험관리가 완전히 새로운 개념은 아니었지만 구체적으로 그 방법론을 활용해 제대로 성과를 거둔 기업은 거의 찾아보기 힘들다. 구호나 개념적으로 존재했던 고객으로부터의 혁신, 고객중심경영을 기업 활동에서 제대로 펼친 기업 중 하나가 바로 SK텔레콤이다.

SK텔레콤은 '고객경험관리'를 도입한 후 발전시켜 기업에 내재화시켰으며 '고객가치혁신'이라는 개념으로 발전시켜서 지금까지 지속적인 활동으로 이어오고 있다. SK텔레콤이 고객경험관리를 성공적으로 이어온 가장 중요한 원동력이자 비결은 바로 한순간도 멈추지 않고 이어온 '꾸준함'이라고 할 수 있다.

많은 기업들의 사례를 찾아봐도 SK텔레콤만큼 이렇게 전사적으로, 그리고 지속적으로 고객만족활동을 이어오고 있는 기업은 좀처럼 찾아보기 힘들다.

고객에 대한 깊은 생각들

이 책은 SK텔레콤이 고객경험관리를 도입해 조직 내에 내재화해온 과정, 그리고 고객경험관리의 시작이라고 할 수 있는 고객을 이해하고 고객의 불편을 찾아서 해결하는 과정들을 소개하고 있다. 이와 함께 고객을 깊이 있게 연구하기 위해 고객들의 민감한 변화와 새로운 트렌드를 추적하는 고객 인사이트팀의 활동도 담고 있다.

책을 통해 SK텔레콤이 추진하고 있는 고객경험관리의 모든 것을 다 펼쳐 보이기에는 한계가 있겠지만, 그 밑바탕에 있는 고객에 대한 생각, 고객에 대한 인식과 고객을 이해하고 불편한 마음들을 해소하기 위해서 접근하는 다양한 방식들은 고객경험관리를 고민하는 기업들에게 충분히 참고가 될 수 있을 것이다.

  책 맨 뒷부분에는 부록 형태로 SK텔레콤이 고객가치혁신을 도입하던 초창기의 이야기를 담아 두었다. 그리고 책 중간중간에 SK텔레콤이 고객가치혁신을 통해 추진한 서비스 사례들도 함께 담았다. 비슷한 고민을 하는 많은 기업들에게 새로운 인사이트를 줄 수 있기를 바라는 마음이다.

Chapter 1

멈추지 않는
꾸준함의 힘

1 고객만족도 23년 연속 1위의 비밀
2 위기 감지 시스템이 작동하다
3 고객 이해를 위해 못할 것이 없다
4 고객의 마음을 읽는 2개의 질문
5 한 달에 한 번 열리는 가장 중요한 회의

고객만족도
23년 연속 1위의 비밀

1

3대 고객만족도 조사 1위를 휩쓸다

고객경험관리에 대한 SK텔레콤의 성과는 관련 업계는 물론, 산업 전반에 걸쳐 정평이 나 있다.

1990년대부터 본격적으로 시행된 국내 주요 고객만족도 조사에서 한 해도 빠짐없이 1위를 독차지해왔다는 사실이 그것을 증명하고 있다.

2022년 7월, 한국표준협회 주관 한국서비스품질지수(KS-SQI) 인증 수여식에서 SK텔레콤은 이동통신부문에서 1위 자리를 굳게 지켰다. 무려 23년 연속 1위의 기록이다.

한국서비스품질지수는 기업의 제품 및 서비스를 직접 체험한 소비자를 대상으로 서비스 전반의 품질 수준을 측정하는 대표적인 종합지표로 2000년 한국표준협회와 서울대학교 경영연구소가 국내 서비스산업과 고객 특성을 반영하여 공동 개발했다.

한국표준협회에서 이 조사를 처음 시작한 것이 지금으로부터 23년 전이니 이 조사가 처음 시작된 이후 지금까지 한 번도 1위 자리를 놓치지 않았다는 얘기다.

이 밖에도 SK텔레콤은 한국생산성본부에서 주관하는 2022년 국가고객만족도 NCSI 이동전화서비스부문과 한국능률협회컨설팅에서 주관하는 한국산업의고객만족도 KCSI 이동통신부문에서 각각 25년 연속 1위의 대기록을 작성 중이다.

국내에서 가장 공신력 있는 3대 고객만족도 평가에서 1위를, 그것도 20년 넘게 계속해서 휩쓸고 있다는 점이 SK텔레콤의 높은 고객만족도 수준을 그대로 입증해주고 있다.

또한 방송통신위원회에서 주관하는 '이용자보호평가'에서도 2022년 이동전화부문에서 유일하게 '매우우수' 등급을 받아 사실상 1위를 차지했다.

이동통신부문은 물론 전 산업계를 통틀어도 고객만족과 관련한 조사에서 이 정도의 압도적인 성과를 거둔 사례는 좀처럼 찾기 힘들다. 자고 나면 새로운 기업들이 생기고 또 사라지는 치열한 경쟁의 세계에서는 매우 특별한 일이라고 할 수 있다.

1등의 자리를 지킨다는 것

많은 기업들이 고객만족을 경영의 가장 우선순위에 올려놓고 있고 고객만족을 위한 다양한 서비스를 펼치고 있다. 그 덕분에 최근 기업들의 고객서비스 수준도 상당히 평준화된 상태다. 고객 불만이 발견되면 가장 빠른 시간 내에 그것을 개선하려고 노력하고 있으며 새로운 서비스가 생기면 'Ctrl+C'를 해서 'Ctrl+V'하듯 금방 비슷한 서비스가 뒤따른다. 제품이나 서비스 경쟁 못지않게 고객서비스 경쟁도 치열하다.

고객경험관리를 통해 경쟁력을 강화하려는 기업들 간의 경쟁은 마치 100분의 1초 차이로 1등과 2등이 갈리는 올림픽 육상 100미터 경기와 같다. 어느 기업이 잘 하는 고객서비스가 있다면 경쟁 업체에서도 바로 비슷한 서비스가 뒤따라 나온다.

이런 치열한 경쟁 환경 속에서 한결같이 정상을 지키기란 어려운 일이다. 한때 육상 단거리를 휩쓸면서 지구상에서 가장 빠른 사나이로 불렸던 우사인 볼트도 100미터 육상 경기에서 늘 1등을 차지하지는 못했다.

고객만족의 성공사례도 늘 바뀌어 왔다. 한때 경영학 교과서에 고객만족경영의 단골 사례로 소개됐던 사우스웨스트항공의 경우도 요즘은 오히려 신생 항공사인 제트블루에 밀리는 모습을 보이고 있다. 미국의 이동통신 시장을 봐도 버라이즌이라는 1위 업체가 있지만 AT&T나 티모바일 같은 회사들이 엎치락뒤치락하면서 고객만족도 평가에서 치열한 경쟁을 펼치고 있다. 어쩌면 그런 현상이 지극히 당연한 것이라고 할 수 있다. 특히 고객과 밀접하게 접촉하는 업종에서 20년 넘게 변함없이 고객의 지지를 받는다는 것은 결코 쉬운 일이 아니다.

SK텔레콤 역시 경쟁기업들과의 고객서비스 수준을 비교해보면 과거에 비해서 그 격차가 매우 좁혀진 상태이지만 자세히 들여다보면 세부항목 하나하나에서 근소하게라도 앞서 있는 모습이다. 어느 한 부문이 크게 뒤떨어지는 것이 없다. 특정 부문 하나를 월등하게 잘 한다기보다 각 부문에서 아주 작은 차이 하나하나가 모여서 전체적인 우위를 만들어가고 있는 모양새다.

고객의 마음을 측정하는 '진단기'

SK텔레콤이 고객만족경영을 추진하고 있는 데는 수많은 성공 요인이 있을 것이다. 그중에서 가장 기본적이면서도 중요한 요인을 한 가지만 꼽으라면 자체적으로 실시하는 '정기 CSI 조사'를 빼놓을 수 없다.

대외기관에서 발표하는 CSI 조사를 통해서 고객만족도를 평가하는 방법도 있지만 조사 범위가 상대적으로 좁고, 결과 발표도 늦다. 이에 SK텔레콤은 '정기 CSI 조사'를 전격 도입해 발 빠르게 결과 도출이 가능한 자체 '진단기'를 마련함으로써 고객들의 미묘한 변화를 빠르게 알아차릴 수 있었고, 아주 사소한 문제라도 발견되면 즉시 개선에 나섬으로써 지속적으로 고객만족도를 높일 수 있었다. 이것이 오랜 기간 동안 고객만족도 1위 업체라는 명성을 유지해 온 핵심 비결이다.

위기 감지 시스템이 **작동하다**

2

단 한 번도 거르지 않은 '정기 CSI 조사'

2022년 11월 말, 정기 고객가치혁신회의가 열린 SK텔레콤 본사 회의실에는 팽팽한 긴장감이 감돌았다. 이날은 2022년 하반기 정기 CSI_{Customer Satisfaction Index} 조사 결과가 발표되는 날이었다. 매번 집계하여 공유되는 조사지만 발표를 앞두고 긴장된 마음이 드는 것은 어쩔 수 없다. 마치 시험 성적표를 받아보는 학생들처럼 회의에 참석한 임원들도 자신이 맡은 분야의 조사 결과에 촉각을 곤두세웠다.

SK텔레콤은 2008년부터 매년 상·하반기로 나눠서 1년에 두 차례씩 '정기 CSI'라는 이름으로 고객만족도 조사를 실시하고 있다. 2008년부터 시작했으니 2022년 하반기까지 햇수로 15년, 총 30회의 조사가 이루어졌다.

SK텔레콤의 정기 CSI 조사와 관련해서 특별한 점이 두 가지 있다.

첫째는 15년 동안 30회의 조사를 이어오면서 단 한 번도 빠지지 않고 조사가 이루어졌다는 점이다. 이전에도 자체적으로 실시하던 CSI 조사가 있었지만 정기적인 조사가 아니었기 때문에 조사 시기나 간격이 들쑥날쑥했다. 어떤 해에는 조사를 한 번만 실시했고 또 어떤 해에는 조사를 서너 번 연이어 실시한 적도 있었다. 회사 사정이 여의치 않거나 특별한 이슈가 없다고 생각하면 아예 조사를 하지 않고 넘어간 해도 있었다.

이렇게 불규칙하게 조사를 실시하게 되면 특정 이슈나 특정 시점에서의 단발적인 고객만족도는 파악할 수 있을지 몰라도, 전체적인 추이를 비교할 수 없기 때문에 중장기적인 대책 마련에 한계가 있다. 어느 부분이 얼마나 좋아졌는지, 얼마나 나빠졌는지, 언제부터 나빠지기 시작했는지, 아니면 언제부터 좋아지기 시작했는지, 전체적인 맥락을 알 수 없다는 것이다.

두 번째 특별한 점은 조사를 시작한 이후 15년 동안 SK텔레콤이 종합 고객만족도에서 단 한 번도 1위 자리를 내놓은 적이 없다는 사실이다. 물론 1위를 위협받을 정도로 2위와 격차가 매우 근접하게 좁혀진 적은 있지만 1위를 빼앗긴 적은 없다. 오히려 그런 상황을 맞게 되면 내부적으로 '비상 신호'로 인식하고 전사적으로 해당 분야에 대해서 고객의 불만 요인들을 해소하기 위해 전력을 다했기 때문에, 그 다음 조사에서는 다시 2위와의 간격을 이전보다 더 벌리기도 했다.

의미 있는 변화를 감지하다

정기 CSI 조사에서 1등을 차지했다고 해서 끝난 것은 아니다. 어떻게 1등을 했는지, 2등과의 격차는 어떤지, 격차가 좁혀졌는지, 아니면 벌어졌는지, 어떤 부분의 고객만족도에서 변화가 생겼는지를 파악하고 그 이유에 대해서도 확인하고 있다.

SK텔레콤의 정기 CSI 조사는 가입 채널, 단말기, 데이터 품질, 요금 청구, 고객관리 등 모두 16개 영역으로 나누어 진행되며 각 영역별 세부항목으로 들어가서 다시 세밀한 조사가 이루어지고 있다.

지난 조사에 비해서 점수가 하락했다든지, 경쟁업체와의 격차가 줄어드는 부분이 눈에 띄면, 바로 해당 부분을 집중적으로 점검하고 문제를 개선하는 작업에 나서고 있다.

특정 서비스에 대한 고객 불만에 대해서도 세분화해서 파악하고 있다. 예를 들어 통신 서비스에 대한 불만을 가진 고객이 있다면 단말기 교체 시기별로 6~12개월 사이에 교체한 고객인지, 18개월 미만의 고객인지, 2년 이상 된 고객인지 세부적으로 파악해서 어떤 고객들의 불만이 더 많은지 분석한다. 고객을 세분화하게 되면 가입 시기에 따라서 불만이 집중되는 부분을 파악할 수 있고, 그 고객들에게 특히 어떤 부분이 불만 요소로 작용했는지 분석할 수 있기 때문이다.

고객 불만에 대한 원인이 파악되면 문제 해결을 위한 즉각적인 조치가 뒤따른다. 정기 CSI 조사를 통해 문제가 드러난 부분들에 대해 가입 단계와 유통망, 음성, 데이터 품질, 요금 및 혜택형 상품 담당 등 21개 유관부서 담당자와 심층 인터뷰를 실시하고, 현재 사업부의 현안이 어떤 것인지 파악해서 대안을 마련하게 된다.

매장에서 상품을 안내하는 과정에서 고객들의 불만이 늘어난 부분이 발견된다면, 상품안내를 제대로 할 수 있는 방안을 모색하고 요금제와 부가서비스 추천에 대한 내용을 고객이 납득할 수 있도록 상세하게 설명할 수 있는 조치를 취하게 된다. 매장에서 상품을 권유하는 과정에서 고객만족도가 떨어졌다면, 고객들에게 조금 더 자세하게 상품을 설명할 수 있는 수단을 마련하거나 관련 자료를 비치하는 식으로 대응한다.

또한 통신 서비스 품질에 대한 불만이 크다면, 접속 장소나 상황별로 고객들의 만족도를 조사해서 어떤 장소, 어떤 상황에서 접속이 느려지거나 연결이 자주 끊기는지 파악하고 접속 환경 개선에 나선다.

이처럼 SK텔레콤은 기업 내부에 매우 예민한 위기감지 시스템을 갖고 있다. 개인들이 정기 건강검진을 통해서 더 큰 병이 생기기 전에 자신의 몸에 대해서 파악하고 건강을 관리할 수 있도록 하는 것처럼 SK텔레콤은 1년에 두 차례씩 실시하는 정기 CSI 조사를 통해서 고객만족 활동의 현재 상태를 정밀하게 파악하고 미세한 문제가 발생했을 때 빠른 시간에 바로잡을 수 있도록 하고 있다. 문제를 발견하는 것도 놀랍지만 어느 부분에서 문제가 있는지 구체적으로 알 수 있다는 것이 더 놀라운 일이다.

고객 이해를 위한 '첫발'

SK텔레콤이 정기 CSI 조사를 처음 시작한 것은 2008년 초부터이다. 당시 이동통신업계는 3G 서비스 출시와 함께 어느 때보다 치열한 경쟁 양상을 보였다. 경쟁에서 우위를 차지하기 위해 각 업체들은 치열한 영업전을 펼쳤고, 그 결과 고객들의 만족도가 급락하는 현상이 나타났다.

SK텔레콤은 이런 분위기 속에서 하락한 만족도를 회복하기 위한 방법론으로 CEM_{Customer Experience Management}이라 불리는 고객경험관리를 도입했다. 고객경험관리란 제품이나 회사에 대한 고객의 전반적인 경험을 전략적으로 관리하는 프로세스로 전략인 동시에 과정과 실행에도 중점을 두는 고객만족경영 기법 중의 하나다. 이것을 오랜 기간에 걸쳐 내재화시키면서 SK텔레콤만의 '고객가치혁신'으로 발전시켰다.

SK텔레콤이 고객가치혁신을 추진하는데 그 첫발을 뗄 수 있도록 해준 것도 역시 정기 CSI이다. "측정하지 못하면 개선하지 못한다"는 피터 드러커의 말처럼 고객의 경험을 관리하기 위해서는 고객을 정확하게 이해하는 것이 우선 필요한데, 정기 CSI 조사가 그 중요한 측정 수단이 되어 주었다.

정기 CSI 조사를 시작으로 비로소 SK텔레콤은 고객을 이해할 수 있는 중요한 단서를 마련했으며, 그 추이를 통해서 민감한 고객의 변화를 분석할 수 있게 됐다. 고객의 마음이 어떻게 바뀌는지 알 수 있는 중요한 무기를 하나 얻게 된 셈이다. 이것이 고객을 제대로 이해할 수 있게 만든 출발이었다.

고객 이해를 위해
못할 것이 없다

3

하늘이 무너져도 고객조사는 계속된다

"이 조사를 계속 실시해야 됩니까?"

"1년에 한 번만 하면 안 되나요?"

"돈도 많이 드는데 필요할 때만 조사를 하면 어떨까요?"

사실 정기 CSI 조사를 15년 이상 이어오는 데는 어려움도 많았다. 여러 가지 부정적인 여론으로 인해 중간에 조사가 중단될 뻔한 위기도 있었다. 사내에서 정기 CSI 조사에 대한 존폐론이 대두되기도 했었고, 조사비용 문제로 조사 주기나 횟수에 대한 비판이 제기되기도 했었다. 또 외부기관에서 정기적으로 조사해서 발표하는 조사도 있는데 굳이 비슷한 내용을 자체적으로 실시할 필요가 있느냐는 반론도 있었다.

하지만 SK텔레콤은 경영진에서 강력한 의지를 갖고 정기 CSI 조사를 뚝심 있게 끌고 왔으며, 이제 사내에서 그 누구도 이 조사에 대해서 반대하거나 없애자고 말하는 사람은 없다. 흔들림 없이 꾸준히 추진해 오면서 정기 CSI 조사의 효용성과 중요성에 대해 내부적으로 공감대가 형성되었기 때문이다.

데이터가 장기간 꾸준히 누적되면서 지금은 현재나 미래뿐만 아니라 과거를 되돌아볼 수 있는 지표로도 활용되고 있다. 10년이 지나고 20년이 지난 일에 대해서 더 이상 회사 내부에 기억하고 있는 사람들이 없다. 사람들이 떠났거나 기억이 지워졌기 때문이다. 하지만 정기 CSI 조사만큼은 정확한 숫자로 당시를 증명하고 있다. 특정 서비스를 처음 출시했을 때의 반응이나 추이를 언제든 찾아볼 수 있다.

정기 CSI 조사뿐만이 아니다. 고객을 이해하기 위한 일이라면 SK텔레콤은 수단과 방법을 가리지 않고 온갖 방법을 동원한다. 조금이라도 신호가 감지되면 그것을 잡아내서 분석하고 또 분석한다.

모든 일의 시작은 고객으로부터다. 문제가 발생해 해결을 하거나 새로운 서비스를 준비할 때 SK텔레콤은 언제나 고객의 이야기를 정확하게 듣는 것부터 시작한다. 고객의 생각을 듣고, 의견을 들어서 그것을 기반으로 새로운 일을 준비한다. 언제라도 고객이 마음에 들지 않으면 중단한다. 국내 주요 고객만족도 조사에서 20년 넘게 1위를 놓치지 않고 있는 비결도 바로 여기에 있다.

문제가 발생하고 나면 이미 늦다

많은 기업들이 문제가 발생하고 난 후 대책 마련에 나선다. 매출이 떨어지고, 고객들이 불만이 쌓여서 사건이 터지고 난 후에야 뒤늦게 사후약방문 식으로 대대적인 대책 마련에 나선다.

사고는 어느 날 갑자기 터지는 것이 아니다. 모든 사고는 그 전조가 있다. 대형사고가 발생하기 전 그와 관련된 수많은 경미한 사고와 징후들이 반드시 존재한다는 '하인리히 법칙'이 그것을 증명하고 있다.

미국의 한 보험사에 근무하던 허버트 윌리엄 하인리히 Herbert William Heinrich 는 산업재해와 관련된 사례를 분석하다가 하나의 통계적인 법칙을 발견했다.

산업재해로 인해 한 명의 사망자가 발생하기 전에 같은 원인으로 발생한 경상자가 29명, 부상을 당할 뻔한 잠재적 부상자가 300명이 있다는 것을 밝혀냈다. 하인리히 법칙, 일명 '1대 29대 300'의 법칙이다.

매출이 떨어지고 영업실적이 부진하다는 것은 이미 그전에 고객들이 불만을 느끼고 그로 인해 고객의 이탈이 시작되었다는 것을 의미한다. 단지 그 사실을 모르고 있었을 뿐이다. 문제가 발생되고 난 후는 이미 늦다. 아무리 비싼 돈을 주고 컨설팅 회사와 계약을 맺고 대책을 마련한다고 해도 되돌리는 것이 쉽지 않다.

SK텔레콤은 정기 CSI 조사를 통해 고객들의 동향을 민감하게 파악하고 있었기 때문에 재빠르게 이상을 감지하고 상응하는 대책을 마련해 대응할 수 있었다.

물론 많은 기업들이 다양한 형태와 목적으로 고객 조사를 하고 있다. 특정 상품이나 서비스를 출시했을 때 고객의 반응을 살피기 위해 고객 조사를 하기도 하고, 특정 이슈가 있을 때 조사를 하기도 한다. 하지만 SK텔레콤의 정기 CSI 조사는 그런 조사와 분명히 차이가 있다.

무슨 일이 있든 없든 변함없이 꾸준히 하고 있다. 조사가 계속되고 그 통계가 누적되어 있기 때문에 미세한 차이를 발견할 수 있다. 거기에는 시간의 힘이 있다. 오랜 시간에 걸쳐 누적된 히스토리를 통해서 변화와 차이를 알 수 있다. 어느 날 갑자기 많은 비용을 들여서 조사를 한다고 해서 얻을 수 있는 결과가 아니다. 타임머신을 타고 지난 시간을 거슬러 날아가지 않는 한 할 수 없는 일이다. 시간의 힘, 누적의 힘으로 가능한 것이다.

오늘 CSI 점수를 몇 점 받았느냐가 중요한 것이 아니라 어제와 비교했을 때 어떻게 달라졌는가가 핵심이다. 그 비결은 '꾸준함'과 '지속성'에 있다. 누구나 할 수 있는 것이지만 아무나 할 수 없는 것이기도 하다.

SK텔레콤의 정기 CSI 조사 기록들은 기술의 발전이 고객들의 만족도를 지속적으로 넓혀왔음을 보여주고 있다. 3G에서 4G, 5G로의 네트워크 기술이 발전하는 시기에 맞추어 고객들의 만족도도 지속적으로 상승했기 때문이다.

물론 새로운 네트워크가 도입되는 시기에 일시적으로 고객들의

▼ **시기별 정기 CSI 만족도 추이**

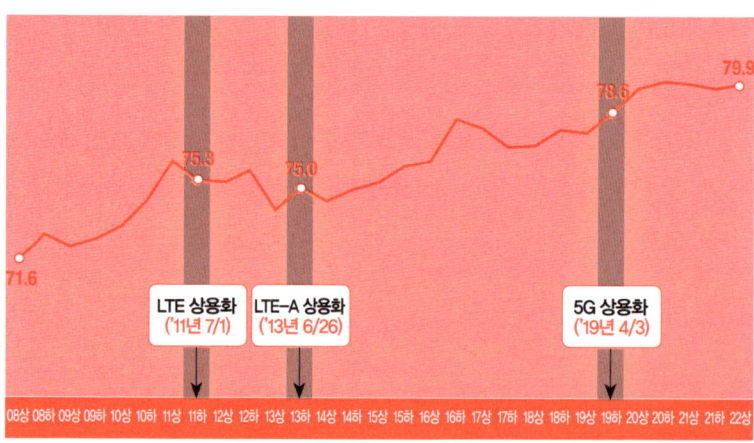

만족도가 하락하면서 새로운 기술 도입에 따른 과도기를 겪었음도 보여주고 있다. 새로운 기술과 서비스의 도입, 안정적인 정착에는 그 시기마다 고객들의 만족도를 모니터링 하여 고객의 불만을 빠르게 해소하려는 철저한 분석과 노력이 있었고, 새로운 네트워크 도입에 대한 혼란을 줄이며 조기에 정착시킬 수 있었다.

고객의 마음을 읽는
2개의 질문

4

모든 고객의 생각을 알고 싶다

SK텔레콤은 상·하반기에 한 번씩 진행하는 정기 CSI 조사와 별개로 '위클리 T-CSI'라는 고객 조사를 매주 실시하고 있다.

매주 목요일마다 SK텔레콤 고객 50만 명을 대상으로 문자메시지 형태로 질문을 발송하면 문자를 받은 고객들이 의견을 회신하는 구조다. 응답률이 2~3%로 매주 1만~1만5천 명 정도의 고객으로부터 직접 의견을 들을 수 있다는 것이 이 조사의 최대 장점이다.

정기 CSI 조사가 고객과의 모든 접점에서 상세하고 세부적인 점검을 위한 조사라면, 위클리 T-CSI는 고객 개개인이 직접 SK텔레콤에 대한 전반적인 만족도를 평가하도록 하는 조사다.

위클리 T-CSI 조사는 단 두 가지의 질문으로 구성되어 있으며, 질문도 아주 간단하다.

질문1. 그동안 SK텔레콤을 이용하신 경험에 비추어 볼 때 전반적으로 얼마나 만족하시나요?(10점 척도)

질문2. 질문 1에 해당 점수를 주신 이유는 다음 중 어떤 부분 때문인가요?

〈질문1〉은 SK텔레콤에 대한 전반적인 만족도를 10점 척도로 대답할 수 있도록 하고 있으며, 〈질문2〉의 경우는 객관식으로 10여 개의 보기를 주고 그 중에서 하나를 선택하도록 하고 있다. 추가로 〈질문2〉에 특정 답변을 하는 고객들에 대해서는 두 가지 질문과 별도로 〈질문3〉이 주어질 수도 있다.

2020년 1월부터 2022년 말까지 3년 동안 총 160여 회에 걸쳐 조사가 진행됐으며 이 조사에 응답한 누적 고객의 숫자만 해도 100만 명에 달한다.

질문만 놓고 보면 특별한 것 없이 간단하고 쉬워 보이는 질문이다. 하지만 이 간단한 두 개의 질문이 지속적으로 진행되면서 대답이 쌓여 고객들의 마음 변화 추이를 들여다볼 수 있게 되었다.

여기에 비식별화 처리된 기업 내부의 데이터와 연계 분석을 통해 특정 상황이나 시점별은 물론 나이와 성별, 라이프스타일 등 다양한 변수를 활용해 보다 심층적인 분석이 가능하다.

출렁거리는 고객의 마음을 잡다

정기 CSI 조사를 통해서도 고객만족도를 충분히 파악할 수 있는데, 굳이 주 단위까지 조사를 실시할 필요가 있을까? 일주일 사이에 과연 고객들의 마음은 얼마나 변하며 거기서 얼마나 의미 있는 변화를 파악할 수 있을까? 왜 이런 조사를 추가로 하게 된 것일까? 그 질문에 대한 답은 매우 간단하다. 모든 고객의 생각을 조금 더 자세히 알고 싶기 때문이다.

고객들의 마음은 아주 사소한 자극이나 미세한 변화 하나에도 크게 출렁거린다. 매주 발표되는 대통령이나 정치인들을 대상으로 하는 지지율 조사를 떠올리면 쉽게 이해할 수 있을 것이다. 대통령이나 정치인의 발언 하나, 제안하는 정책 하나에 따라서 지지율이라는 민심이 크게 출렁거리는 모습을 볼 수 있다.

위클리 T-CSI는 SK텔레콤의 특정 서비스에 대한 반응이나 서비스 품질에 대한 고객들의 반응을 파악하지만, 때론 사회 전체의 분위기를 반영하기도 한다. 올림픽이나 월드컵 경기에서 승리했을 때, 혹은 전 국민들이 슬퍼할만한 대형사고가 발생했을 때 고객들의 만족도가 오르기도 떨어지기도 한다.

통신 및 ICT 서비스가 우리 사회와 밀접하게 연관을 맺고 이루어지는 것임을 감안하면 SK텔레콤의 위클리 T-CSI 조사에 사회적 분위기가 반영된다는 것이 어쩌면 당연한 일인지도 모르겠다.

MST, 특정 주제에 대해 묻다

위클리 T-CSI가 매주 한 차례씩 두 가지 질문에 대해서 지속적으로 조사를 하는 것이라면 특정 주제에 대해서 집중적으로 조사하는 'MST_{Mobile Survey Tool}'이라는 또 다른 조사 방법론도 있다. 위클리 T-CSI와 방식은 거의 비슷하지만 시기나 다루는 주제가 다르다.

MST는 회사의 특정 정책이나 서비스에 대해서 고객들의 반응을 직접적으로 묻고 싶을 때 주로 활용한다. 특정 이슈에 대한 고객의 반응을 즉각적으로 확인할 수 있다는 것이 최대 장점이다. 이런 조사 방법론을 갖고 있지 않다면 특정한 사안에 대해서 조사를 한 번 실시하기 위해서는 별도로 조사업체를 선정하고, 조사 대상과 범위를 정하는 등 조사를 위한 준비에만 몇 날 며칠이 걸릴지 장담할 수 없을 것이다.

실제로 SK텔레콤에서 MST 조사로 인해 개편을 준비하던 서비스가 중단된 적도 있다. 회사 입장에서는 의욕적으로 준비한 개편 작업이었지만, MST를 통한 사전 테스트 결과 반응이 좋지 않은 것을 바로 감지하고 해당 서비스 개편을 즉각 중단했다. 고객의 뜻보다 더 중요한 것은 없다는 생각 때문이었다.

한 달에 한 번 열리는
가장 중요한 회의

5

CEO부터 임원까지 예외는 없다

SK텔레콤에서 매달 한 번씩 열리는 '고객가치혁신회의'에는 SK텔레콤의 CEO와 주요 임원들은 물론 ICT 패밀리사의 주요 경영진 등 회사의 주요 의사결정권자들이 빠짐없이 참석한다. 출장이나 다른 업무로 인해 일부 임원들이 빠지는 경우는 있지만 CEO가 참석하지 않는 경우는 한 번도 없었다.

"고객가치혁신 회의는 당사가 존재하는 한 계속 진행될 가장 중요한 회의이고, CEO부터 고객을 가장 중요하게 생각하는 회사의 전통을 만들어가는 가치 있는 자리입니다."

CEO의 이러한 인식은 SK텔레콤에서 고객가치혁신회의의 중요성을 짐작할 수 있게 한다. 많은 기업에서 고객 관련 회의가 열리지만 고객들의 불만 처리 현황을 보고 받거나 고객에게 많은 관심을 갖고 있다는 것을 보여주기 위한 상징적인 성격의 회의도 많은 것이 사실이다. 이에 반해 SK텔레콤의 고객가치혁신회의는 기업의 사활이 걸린 가장 중요한 회의라는 인식이 강하다. 회사의 존립이 걸린 가장 중요한 일보다 더 바쁜 일이 있을 수 없다.

고객가치혁신회의에는 SK텔레콤과 주요 관계사 115명의 임원이 매월 참석하고 있으며, 상품 및 서비스에 대한 내용 뿐 아니라 고객과 관련된 다양한 주제를 논의한다. 사업부서별로 우수 사례를 발표하기도 하고 현재의 고객이 가진 불평이나 불만뿐만 아니라 앞으로 변화하는 고객들을 빨리 파악하라는 의미가 담겨 있다.

최고경영자CEO는 곧 '최고고객책임자CCO'

매달 한 차례씩 열리는 SK텔레콤의 고객가치혁신회의에는 반드시 해결해야 하는 사내의 중요한 이슈들이 회의 주제로 올라온다. CEO와 주요 임원진들이 모두 모인 자리에서 그 주제들을 논의하고 해결하기 위해서이다.

SK텔레콤에서 CEO는 최고경영자이자 CCO Chief Customer Officer, 즉 최고고객책임자이다. CEO의 모든 업무의 첫머리에는 항상 고객이 자리하고 있다.

CEO가 고객에 대해 얼마나 중요하게 생각하는지는 조직 구조에도 그대로 드러난다. 고객경험관리를 담당하는 고객가치혁신실이 직제상 CEO 바로 아래 자리하고 있다. SK텔레콤뿐만 아니라 ICT 패밀리에 속하는 20여개 관계사들도 모두 비슷하다.

기업의 조직 구조에는 그 회사의 생각이나 철학이 담겨 있다. 조직 구조 하나만 보더라도 SK텔레콤이 고객에 대해서 얼마나 진심인지 알 수 있다.

SK텔레콤이 고객가치혁신이라는 새로운 경영혁신을 추진하는 데는 CEO의 강력한 리더십이 큰 역할을 했다. 그동안 많은 시간이 흐르고 여러 차례 CEO가 바뀌었음에도 불구하고 기본적인 경영철학이 공유되면서 고객경험관리를 위한 조직이나 회의체 등 기본적인 제도나 틀이 바뀌지 않고 지속적으로 유지될 수 있었다. 그리고 이제는 바꾸고 싶어도 쉽게 바꿀 수 없는 확고한 조직문화로 자리 잡았다.

설득 무기는 오로지 '고객'

기업은 고객이 불편해하고 힘들어하는 일들을 모두 해결해줄 수 있을까? 어떤 고객은 자신이 사용하고 있는 휴대전화 요금이 너무 비싸다고 불만을 제기하고, 또 다른 고객은 출근길 지하철에서 사용하는 와이파이 속도가 너무 느리다고 하소연 한다.

하지만 사업부서의 입장에서 보면 불편함을 느끼는 소수의 이용자 때문에 요금을 대폭 할인하거나 많은 투자가 들어가는 기술이나 시설을 선뜻 개선하기가 쉽지 않다. 고객이 불편해하고 힘들어하는 부분에서 고객 입장을 대변하고 개선 의견을 제시하다 보면 회사의 이익과 충돌하는 상황을 맞을 수 있기 때문이다. 그럴 때면 고객의 경험관리가 우선이냐, 기업의 이익이 우선이냐 하는 기로에 설 수밖에 없다.

SK텔레콤의 경우도 고객경험을 관리하는 전담부서인 고객가치혁신실이 있지만 관련 업무에 대해서 담당 사업부서만큼 잘 알 수는 없다. 요금이나 통신품질 모두 마찬가지다.

"이러다가는 고객들 다 떠납니다."

고객가치혁신실은 이럴 때마다 늘 고객의 목소리를 가감 없이, 충실하게 전달하려고 노력한다. 고객이 지나치게 비싼 요금 때문에 불편해한다고 생각한다면 적절한 논리를 통해 요금 인하의 필요성을 제기하고, 고객이 통신품질에 대해 불만을 느낀다면 그로 인해 발생할 영향을 언급하면서 담당 사업부서에 개선을 요구한다. 전적으로 고객의 입장에서 생각하고 전달하는 것이다.

물론 사업부서도 그렇게 할 수밖에 없는 나름대로 이유가 있다.

요금을 내릴 수 없는, 혹은 통신품질을 현 상태로 유지할 수밖에 없는 근거를 내세우면서 타당성을 제시하게 될 것이다. 사업부서의 경우 다양한 영업 현황과 시장 분석 자료가 있겠지만 고객가치혁신실의 논리 근거나 설득 무기는 오로지 '고객' 뿐이다.

기업 경영에 있어서 고객의 목소리보다 더 중요하고 정확한 팩트는 없다. 고객경험관리 부서에서 매출 따지고, 이익 따지고, 회사 사정 다 감안하면 사실상 할 수 있는 일이 많지 않은 것도 사실이다. 사업부서의 이익을 고려하기보다는 오로지 고객이 불편하게 생각하는 것에 대해서 집중할 수밖에 없는 이유이기도 하다. 그래서 단기적으로는 조금 이익이 줄더라도 만족한 고객이 유지될 수 있다면 장기적으로 더 많은 이익을 줄 수 있다고 설득한다.

각자의 위치에서 프로처럼 싸울 뿐이다. 주어진 여건에서 고객의 목소리를 전달하고 고객의 뜻을 가장 정확하게 대변하는 것이 고객가치혁신실의 존재 이유이다.

Chapter 2

기업의 이익보다
고객의 이익이 먼저다

1	만족한 고객은 떠나지 않을까?
2	착한 기업이 오래간다
3	요금제의 고정관념을 깬 두 번의 혁신
4	'원조' 멤버십 서비스의 변신
5	문자메시지, 정보와 광고 사이를 오가다
6	내 가족이라는 마음으로

만족한 고객은
떠나지 않을까?

1

고객이 떠나는 이유

영원한 고객이란 없다. 아무리 좋은 상품과 서비스를 제공한다고 해도 떠나는 고객들은 계속 생길 수밖에 없다. 안타까운 일이지만 기업에게는 숙명과도 같은 일이다.

SK텔레콤의 서비스를 20년 넘게 이용해온 장기이용 고객이라고 해서 예외가 될 수는 없다.

새로운 혜택으로 고객을 붙잡으려고 해도 그것이 고객의 상황과 맞지 않는다면 그것은 혜택이 될 수 없다. 가족 할인, 유무선 묶음 할인 등 각종 결합상품을 통한 할인이 이동통신 고객을 붙잡는데 큰 혜택으로 인식됐지만, 1인 가족이 늘어나면서 결합 상품의 영향력이 예전만 못한 것이 사실이다. SK텔레콤도 이런 부분에 대해서 예의주시하며 고민하고 있다.

그럼 고객은 왜 떠날까? 정말 만족하지 못해서 떠나는 것일까? 고객에게 만족스러운 경험을 끊임없이 제공한다면 고객은 절대 떠나지 않을까?

SK텔레콤의 정기 CSI 조사는 만족도가 높은 고객은 떠나지 않고 불만 고객은 떠난다는 사실을 구체적인 수치로 증명하고 있다. SK텔레콤의 조사 결과에 따르면 서비스를 유지하는 고객과 해지하는 고객의 만족도가 극명한 차이를 보였다. 서비스를 유지하는 고객의 만족도가 해지 고객의 만족도보다 훨씬 높게 나타났으며 고객만족도가 높으면 높을수록 해지율이 낮았고 고객만족도가 낮으면 낮을수록 해지율이 높은 것으로 나타났다.

만족도가 높은 고객들은 돈도 더 많이 썼다. 고객만족도를 1~10점까지 나누고 숫자가 높을수록 만족도가 높은 것으로 평가했을 때, 만족도 9~10점을 준 고객들의 가입자 당 이용금액을 나타내는 ARPU_{Average Revenue per User} 금액이 만족도 1~2점을 준 고객들보다 훨씬 높은 것으로 나타났다. 만족도가 높은 경우 돈도 많이 쓰고 비싼 요금제도 선뜻 이용하고 있는 것이다.

요금에 대한 인식이 과거와 많이 달라진 점도 눈에 띈다. 과거 요금에 민감하던 시기에는 저렴한 요금을 쓰는 사람들의 만족도가 높게 나타났지만 지금은 오히려 비싼 요금제를 사용하는 고객들의 만족도가 높게 나타나고 있다. 자신에게 맞기만 한다면 요금 자체는 크게 중요하지 않다고 생각하는 고객들이 늘고 있는 것이다.

고객경험관리를 잘하면 기업 성과에 분명히 긍정적인 영향을 미친다는 것을 보여주는 것이다. 기업의 성과가 좋아지면 주가도 상승하고 고객에 대한 서비스도 개선되는 선순환이 이루어진다.

팬 늘리기 전, 불만 고객부터 줄여라

SK텔레콤은 고객가치혁신 도입 후 '팬Fan'이라는 개념을 사용하기 시작했고, 지속적으로 팬의 비율을 관리하고 있다. '팬'이라는 개념은 고객 중에서도 조금 더 회사에 우호적인 고객이라고 할 수 있다. CSI 조사에서 고객들의 추천의향을 1점부터 10점까지 표시하도록 하고 있는데 9점과 10점을 준 추천고객Promoters을 '팬', 1~6점을 준 고객을 '비추천고객Detractors'으로 분류하고 있다.

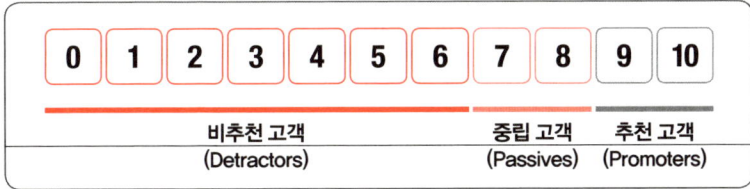

SK텔레콤은 고객경험관리 첫 단계로 비추천고객을 줄이는 일부터 시작했다. VOC가 쏟아지는 상황에서 팬을 늘리는 일에 집중할 수는 없는 일이다. 우선 치명적인 VOC, 즉 지속적으로 불만은 제기되지만 해결되지 않는 만성적인 VOC를 줄이기 위한 방안을 고민했다. 만성적인 8대 VOC를 선정하고 이것을 해결하기 위해 1년 내내 매달리는 등 집중적인 VOC 해결 노력을 펼친 끝에 비추천고객의 수를 급격하게 감소시킬 수 있었다.

고객경험관리를 처음 도입했던 2008년의 경우만 해도 추천고객과 비추천고객의 비율이 큰 차이를 보이지 않았으나 치명적인 VOC를 줄이기 위한 집중적인 노력을 지속적으로 펼친 결과, 이제는 비추천고객 비율이 크게 줄어들어 전체 고객 가운데 1~2% 정도 밖에 되지 않는 수준에 도달했다.

베이직 팩터 줄이고 '와우 팩터' 늘리다

비추천고객을 줄이기 위해서 SK텔레콤이 시도한 또 한 가지는 베이직 팩터Basic Factor를 해결하는 것이었다. 베이직 팩터란 기본 요인, 즉 특별히 더 신경 쓴다고 해서 만족도가 크게 올라가지는 않지만 안 해주면 만족도가 떨어지는 요소들이다.

흔히 말하는 '위생요인' 같은 것이 여기에 해당된다. 어떤 공간에 화장실이 마련되어 있다고 해서 사람들이 좋아하거나 만족도가 크게 올라가지는 않는다. 너무나 당연하게 생각하는 것이기 때문이다. 하지만 화장실이 없으면 만족도는 크게 떨어질 수밖에 없다.

이동통신서비스로 말하자면 요금 청구 같은 것이다. 요금을 제대로 잘 정산해서 청구한다고 해서 그것을 좋아하거나 칭찬하는 사람은 없다. 그러나 잘못 청구되면 얘기는 달라진다. 너무 기본적이며 당연한 것이지만 결코 소홀히 할 수 없는 요인들, 이것이 바로 베이직 팩터이다.

실제로 휴대전화 서비스 초창기만 해도 가장 많은 불만 중 하나가 요금 청구와 관련된 불만이었다. 심지어 정확하게 제대로 요금을 청구해도 고객들은 늘 요금에 대해서 불만을 갖고 있었다. 고객 입장에서는 심리적으로 늘 실제 사용한 것보다 요금이 더 많이 나왔다고 생각하는 경우가 많았기 때문이다. 하지만 지금은 아주 사소한 실수라도 요금 청구와 관련된 불만은 거의 없다. 베이직 팩터가 줄어든 효과다.

기업에 불만을 느끼는 고객을 줄이는 것은 오히려 쉬운 일이다. 눈에 보이는 문제들을 개선하면 되기 때문이다. 정말 어려운 일은 딱히 불만은 없지만 그렇다고 딱히 만족스러운 것도 없는 고객들을 붙잡는 일이다.

이런 고객들을 팬으로 만들기 위해서는 베이직 팩터를 없애는 것만으로는 부족하다. 새로운 요인, 즉 '와우 팩터Wow Factor'를 찾으려는 노력이 필요하다.

와우 팩터란 고객이 자연스럽게 '와우Wow'라는 감탄사가 나올 만큼 좋은 요인들을 의미한다. 지금은 너무나 당연하게 생각하는 서비스이지만 이동통신서비스 초창기만 해도 멤버십 제도 자체가 없었다. 이동통신사의 멤버십 포인트로 외식을 한다거나 영화를 본다는 것도 상상하기 힘들었다.

이동통신업계에서 멤버십 서비스를 처음 만든 것이 SK텔레콤이다. 세상에 없었던 서비스였기 때문에 그 서비스가 없다고 해서 만족도가 떨어지지는 않았지만 처음 서비스가 등장했을 때 고객들의 만족도는 크게 올랐다. '커플끼리 요금제'나 'T끼리 요금제'가 처음 등장했을 때 고객들의 반응 역시 '와우'였다.

이밖에도 통신사 최초로 시도한 메타버스 서비스 '이프랜드', 전 국민 구독서비스 'T우주'를 출시하는 등 고객을 팬으로 만들기 위해 SK텔레콤은 지속적으로 '와우 팩터'들을 늘려나가고 있다.

착한 기업이 오래간다

2

치열한 경쟁으로 만족도 '뚝'

'폰팔이', '호갱'이라는 단어가 언론에 자주 언급되던 시기가 있었다. 휴대전화 서비스에 가입 한 번 하려면 선택약정, 공시지원금, 의무사용기간 등 알쏭달쏭한 용어들 때문에 나이든 사람들은 물론 젊은 사람들도 상품을 이해하는데 애를 먹곤 했다.

심지어 '고도'의 컨설팅을 받아야 간신히 이해할 수 있는 복잡하고 어려운 통신 서비스가 난무하면서 일선 판매점에서 고객들을

※ **대리점** 통신사와 정식 계약을 맺고 해당 통신사의 상품·서비스를 전속판매하고, 업무처리 등 고객 편의 서비스를 제공 본사의 교육지원, CS 모니터링 등 관리

※ **판매점** 판매 기능만을 위탁받은 개인형 매장으로 통신 3사의 상품을 모두 판매
　　　　☞ 일반적으로 대리점으로부터 판매 기능을 위탁받으며, 고객편의 서비스 제공 X

현혹하는 판매원들과 그 판매원들에게 속아 넘어가는 고객들을 칭하는 용어들이 등장할 정도였다.

극심한 정보의 비대칭성으로 인해 같은 회사에서 이용하는 똑같은 휴대전화 서비스 가격이 전문가의 '설계'에 따라서 천차만별로 달라지는 현상이 나타나기도 했으며, 이로 인해 고객들은 서비스 가입 후 뒤통수를 얻어맞은 것처럼 불쾌함을 느끼는 경우도 많았다.

이동통신 경쟁이 치열해지면서 이런 현상은 더욱 심화됐다. 어떤 회사라고 해서 딱히 다르지 않았다. 이동통신업계 전체의 고객만족도가 뚝 떨어졌던 시절이다.

이에 SK텔레콤은 고객경험관리를 도입하면서 고객의 불만에 집중했다. 고객에게 피해가 가는 영업 정책을 재검토하면서 회사의 이익보다 고객의 혜택에 집중하기로 했다. 이러한 고민이 반영된 조치 중 대표적인 것이 바로 SK텔레콤이 진행했던 '착한 캠페인'이었다. 기업도 착해지지 않으면 생존할 수 없다는 절박함이 담긴 조치였다.

"꼭 이것만은 확인하세요."

"고객님의 할부 원금은 얼마이고 할부 개월 수는 얼마입니다."

사소해 보이는 일이지만 성과는 금방 나타났다. 일선 대리점에서 단골 VOC로 빠지지 않았던 할부 원금과 관련된 VOC가 줄어들었고 고객의 불만도 20% 가까이 감소했다.

고객들의 가려운 곳을 긁어주는 각종 서비스들이 연이어 나왔다. 데이터와 음성을 다 쓰고 나면 리필 할 수 있는 쿠폰이 등장했고, 데이터 선물하기 서비스도 새롭게 시작했다. 고객들이 실제로 음성과 데이터를 사용하면서 아쉬워하는 부분들을 반영한 서비스들이었다.

요금 폭탄 걱정 이제 끝

기업의 입장이 아니라 고객의 입장에서 새롭게 서비스를 고민하면서 달라진 서비스 중 하나가 해외에 나가서 휴대전화를 사용할 때 주로 이용하게 되는 로밍 서비스이다.

과거에는 여행이나 출장을 위해 해외에 나가서 전화를 잘못 사용하다가 로밍 폭탄 요금을 맞는 경우가 종종 있었다. 실제로 어떤 고객의 경우 해외여행 중 무심코 동영상을 시청했다가 로밍 요금이 몇 백만 원씩 나온 적도 있었다. 기분 좋게 여행을 갔다가 여행 경비보다 전화요금을 더 내게 된 것이다. 고객 입장에서 보면 정말 화가 날 일이다.

물론 고객의 실수이긴 하지만 결과만 놓고 보면 상식적인 요금이 아닌 것도 사실이다. SK텔레콤은 로밍 폭탄 요금과 같은 실수를 전적으로 고객의 책임으로만 돌리기에는 과도한 부분도 있다고 판단했다.

SK텔레콤은 고객들이 지나친 요금으로 인한 피해를 보지 않도록 새로운 서비스를 만들었다. 바로 '자동 안심 T로밍 서비스'이다. 이 서비스를 이용하게 되면 해외에 나가더라도 누구나 매일 3분 무료 통화를 할 수 있고, 하루에 통화를 아무리 많이 하더라도 1만 원 이상 나오지 않는다. 고객들의 사용 습관을 면밀히 분석한 결과, 해외 이용 고객 가운데 약 80%가 음성 로밍을 하루 3분 이내로 사용하고 있는 것을 파악해 이 서비스를 만든 것이다.

그 밖에 음성 로밍 이용 시 하루에 30분까지는 1만 원만 정액으로 부과하도록 했다. 고객이 30분을 이용하면 기존에 대략 4만 원 정도의 요금을 내야 했지만, 이후로는 1만 원만 내면 되도록 요금 제도를 바꾸었다.

또 데이터 로밍 요금제에 가입하지 않은 고객이 해외에 나가서 무심코 앱을 업데이트 하다가 비싼 요금을 내는 사례도 종종 발생했다. 이에 SK텔레콤은 이런 고객들의 불편을 해소하기 위해 데이터 로밍 종량 요금 체계를 전반적으로 개선했다. 먼저, 데이터 로밍 요금을 기존 1MB당 4,506원_{패킷당 2.2원}에서 563원_{패킷당 0.275원}

으로 87.5% 인하했다. 아울러, 하루 데이터 상한도 기존 2만2천 원에서 5천 원으로 낮춰 고객이 안심하고 데이터를 사용하도록 설계했다. 5천 원 상한은 약 9MB의 데이터 사용이 가능한 수준이며, 데이터 초과 시에도 추가 요금 없이 200Kbps 이하 속도로 계속 이용할 수 있어 모바일 메신저로 대화하는데 큰 불편함이 없도록 했다.

통신정음, 고객의 언어로 말하다

"뭐라고요?"

"그건 무슨 뜻인가요?"

"IMEI, 커버리지, 선택약정, New 단말, 망내할인…"

알 듯 말 듯한 용어들이다. 통신사 대리점에 가보면 서비스에 대해서 설명하는 직원과 그것을 듣는 고객 사이에서 불편한 커뮤니케이션이 이루어지는 것을 볼 때가 많다. 전문적으로 어려운 용어가 많기도 하지만 새로운 용어들이 계속 나오니 매장 담당자들도 정확히 설명하기 어려운 단어들도 있는 듯하다. 매장 직원들도 어려워할 정도면 고객들은 거의 못 알아듣는다고 봐야 한다.

'IMEI'는 International Mobile Equipment Identity의 약자로 '휴대폰 고유번호'를 뜻하며, '망내할인'은 같은 통신사를 이용하는 번호끼리 할인해주는 서비스, 'New 단말'은 개통한 적이 없는 휴대폰을 가리키는 용어로 이동통신 유통 매장에서 주로 사용된다.

용어가 어려운 이유는 통신 서비스에 전문적인 내용이 많이 포함되어 있어서 어쩔 수 없는 부분도 있지만, 고객 입장보다 서비스를 제공하는 기업의 입장에서 만들어진 언어들이기 때문이다.

SK텔레콤은 전국 유통 매장에서 사용하는 통신 및 마케팅 용어를 알기 쉽게 순화한 용어 정리집 '통신정음'을 정기적으로 제작해 배포하는 등 '우리말 바로 쓰기' 캠페인을 펼치고 있다.

2022년에는 '고객언어혁신 2.0'으로 확대 시행하면서 첫 프로젝트로 이동통신 유통 매장에서 사용하는 일상용어를 고객이 이해하기 쉬운 말로 바꾼 '통신정음' 5만7천 부를 제작해 전국 매장에 배포했다.

'통신정음'은 '훈민정음'의 취지와 명칭에서 아이디어를 얻어 만들었으며, 제작에는 방송작가와 카피라이터 등 경력을 지닌 글쓰기 전문가로 구성된 팀을 투입하고 국립국어원의 감수도 받았다.

통신정음은 고객과 '통'할 수 있는 쉬운 말, 고객이 '신'뢰할 수 있는 옳은 말, 고객에게 '정'말 필요한 실용적인 말, 고객의 물'음'에 맞는 직관적인 말로 고객과 소통해야 한다는 '고객언어혁신 2.0' 캠페인의 4가지 원칙을 담고 있다.

단어에 대한 설명 하나하나에 빠지지 않고 '고객'이라는 단어가 들어가는 것도 이채롭다. 통신정음을 통해 제안하고 있는 순화된 용어를 보면 훨씬 이해하기가 쉽다. '커버리지'는 '이동통신 서비스 이용 가능한 지역'이라고 바꿔 설명하고, '망내 회선'이라는 용어는 'SK텔레콤을 이용하는 번호'로, '단말(기)'은 '휴대폰'으로, '공기계'는 '안 쓰는 휴대폰'으로, '선택약정'은 '통신요금 25% 할인'으로, '공시지원금'은 '휴대폰 가격 할인금' 등 고객이 이해하기 쉬운 표현들이다.

고객언어혁신 2.0 캠페인은 〈통신정음〉 이외에도 고객센터와 온라인 홈페이지 등 고객과 만나는 모든 영역으로 확대하고 있다. 말하고 듣는 언어 순화뿐만 아니라, 읽고 쓰는 범위까지 확장함으로써 고객이 통신과 관련된 용어를 직관적이고 쉽게 이해할 수 있도록 개선한다는 방침이다.

실제로 SK텔레콤은 고객센터에서 실버세대와 청소년 등 고객 연령층을 고려한 맞춤형 상담 용어를 사용하고, 고객을 배려하는 '바른 표현' 상담을 꾸준히 추진 중이다. 또한 T월드 홈페이지, 모바일 앱App, 공식 온라인몰 T다이렉트샵 등 온라인 고객 채널 전반에 걸쳐 쉬운 용어를 사용하는 한편, 편리한 고객경험을 제공하기 위해 상품 설명 안내문을 비롯해 고객친화적인 언어 순화 캠페인도 진행 중이다.

요금제의 고정관념을 깬
두 번의 혁신

3

10초 단위에서 1초 단위로

고객만족도 조사에서 늘 선두를 달리고 있는 SK텔레콤이지만 경쟁사와 비교할 때 열위를 보이는 영역이 있다. 바로 '요금'이다.

SK텔레콤은 2G, 3G 시절에도 '전화는 잘 터지지만 요금은 조금 비싼 휴대전화'로 인식됐다. 당연히 고객만족도 조사에서도 요금 부문에서 만큼은 경쟁사 대비 좋은 평가를 받지 못했다.

이에 SK텔레콤은 뒤처진 요금 경쟁력을 만회하기 위해 기존 요금제의 상식을 뒤엎는 과감한 과금 혁신에 나섰다.

첫 번째 도전은 2010년 시도한 '초단위 요금제'였다. 당시만 해도 요즘과 같은 데이터 요금제가 아니라 통화 사용료를 기반으로 요금을 지불하던 시기였다.

SK텔레콤뿐만 아니라 모든 이동통신업체들이 국내 음성, 영상 통화료를 포함한 이동전화 요금을 10초 단위로 과금하고 있었다. 그러다보니 고객이 31초를 통화해도 요금은 40초로 계산되었다. 고객 입장에서 실제 통화보다 더 많은 요금을 지불할 수밖에 없는 구조였다.

그런 상황에서 SK텔레콤이 국내 이동통신사 중 처음으로 시도한 '초단위 요금제'는 고객은 물론 업계 전체를 놀라게 했다.

이동통신 시장 초창기에 요금에 대한 VOC가 많았던 이유 중에는 바로 이런 과금 제도로 인한 원인도 무시할 수 없었다. SK텔레콤은 초단위로 통화 요금을 부과해 고객들에게 약 15%의 통신비 절감 효과를 제공한 것으로 나타났다. 이것을 뒤집어서 이야기하면 기업 입장에서는 요금 수익 감소를 감내해야 했다는 것을 의미한다. 기업의 이익보다 고객의 혜택에 집중하겠다는 의지를 보여준 것이다.

달라진 과금 제도는 고객만족도 조사에 그대로 반영됐다. 초단위 요금제 도입 이후 실시된 정기 CSI 조사에서 고객만족도는 조사를 시작한 이후 가장 큰 폭으로 상승한 것으로 나타났다.

단 6개월 만에 이 정도의 상승 폭을 기록했던 것은 당시는 물론 지금까지도 없었을 정도로 임팩트가 컸다. 그것은 곧 고객들에게 돌아간 혜택이 매우 만족스러운 수준이었다는 것을 증명하고 있다.

T고객끼리는 무제한 무료

요금과 관련한 두 번째 모멘텀은 2013년 선보인 'T끼리 요금제'였다. 이 상품은 SK텔레콤 고객끼리 통화할 경우 음성통화를 무제한 무료로 통화할 수 있도록 한 상품이다. SK텔레콤의 시장점유율이 50% 정도라고 보면 이 상품을 통해서 전 국민 절반과 음성통화를 무료로 할 수 있게 된 것이다.

가족끼리 이 상품에 가입하고 SK텔레콤 고객들과 주로 통화를 한다면 휴대전화를 무전기처럼 사용할 수 있는 파격적인 상품이었다. 특히 실질적인 요금 인하 효과가 엄청나게 컸기 때문에 고객들의 반응도 뜨거웠다.

'T끼리 요금제'의 경우 터치포인트에서 고객의 요구사항과 정기 CSI 조사를 통해서 나타난 고객들의 불만 사항을 적극적으로 받아들여 만든 상품이다.

당시 SK텔레콤뿐만 아니라 모든 이동통신 회사들이 신규 고객 유치에 집중하느라 기존 고객에 대한 서비스가 소홀해 서비스를 오래 이용하면 할수록 역차별을 받는다는 말이 나올 때였다.

새로운 고객 한 명을 만들기 위해서 얼마나 많은 시간과 비용, 노력이 들어가는지를 생각한다면 신규 고객을 유치하는 것 못지않게 기존 고객을 유지하는 것이 기업 경영에 얼마나 도움이 되는 일인지 금방 알 수 있을 것이다.

인터넷 전화의 보급 등으로 인해 이동통신 전화 환경이 급격하게 변하고 있음을 재빨리 파악했기 때문에 도입이 가능한 서비스이기도 했다.

이후 이동통신업계가 잇따라 망내 음성통화 무제한 상품을 출시하면서 SK텔레콤은 이동통신 업계의 통화 무제한 시대를 연 것으로 평가받았다.

T끼리 요금제 도입의 파급력은 기대 이상이었다. 기존 고객들을 위한 서비스를 강화하자 당장 번호이동 해지율 감소라는 결과로 나타났다. 다른 이동통신사로 옮겨가는 고객들이 크게 줄어들었다는 얘기다.

반면 기기변경 상품의 판매 비중은 늘어났다. 기존 고객이 SK텔레콤을 떠나지 않고 같은 서비스를 이용하면서 단말기만 교체하는 고객이 늘어났다는 것을 의미한다. 이 역시 해지율 감소를 의미하는 지표다.

두 번의 파격적인 요금제 도입을 통해 SK텔레콤은 요금 영역에서의 만족도 열위를 반전시킬 수 있었다.

요금 만족도 가장 크게 개선

요금제 개선은 기업 입장에서 단기적으로는 수익이 줄어드는 것을 감내해야 한다. 하지만 결국 그로 인해 기존 고객들을 유지할 수 있다면 그 비용을 충분히 상쇄할 수 있다.

당장은 손해처럼 보이지만 결국 길게 보면 이익이 된다. 새로운 고객 한 명을 만드는 데 드는 비용이 점점 더 커지고 있음을 감안하면 더욱 그렇다.

SK텔레콤은 요금제 혁신을 통해 경쟁사의 추격을 뿌리치고 경쟁력을 유지할 수 있었으며, 요금에 대한 콤플렉스에서도 완전히 벗어날 수 있게 됐다. 이런 노력에 힘입어 SK텔레콤의 '요금' 경쟁력은 LTE 시대 진입 이후 경쟁 열위에서 벗어나는 데 큰 역할을 하였다.

SK텔레콤은 2012년 상반기, CSI 조사를 시작한 이후 처음으로 요금 요인에서 경쟁사대비 경쟁 우위를 기록했으며, 이 결과는 지금까지 이어지고 있다.

'초당 과금제'와 'T끼리 요금제' 도입 이후 정기 CSI 조사 결과를 살펴보면 각각 역대 1, 2위의 상승률을 기록한 것으로 나타났는데 그만큼 고객에게 확실한 혜택이 돌아갔다는 것을 의미한다. 정기 CSI 조사 대상 16개 분야 가운데 2008년 첫 조사 이후 지금까지 가장 큰 폭의 상승률을 기록한 분야도 바로 '요금'과 관련된 분야다.

가족 데이터 늘리고 요금 낮추는 'T플랜'

T플랜을 통해 가족 결합 혜택을 대폭 강화했다. 가족 중에 한 명만 패밀리, 인피니티 요금제를 이용하면 매월 각각 20GB, 40GB의 데이터를 나머지 구성원에게 공유해 줄 수 있도록 했다. 온 가족이 20GB, 40GB를 실시간으로 나눠 쓰거나, 구성원 별로 데이터 사용한도를 할당해 놓고 사용할 수도 있다. 기존 공유 방식은 별도 앱에서 매번 서로 데이터를 주고받아야 하고, 선물 한도1회 1GB 또는 횟수월 4회에 제한이 있었지만 이러한 불편함을 완전히 없앴다. 결합 인원은 최대 5명이며 가족끼리 데이터를 공유하려면 별도 가족관계증명 서류를 제출하지 않아도 최초에 MMS 인증을 한 번만 거치면 된다. 가족 간 데이터 공유 기능은 약 1600만 명의 SK텔레콤 가족 이용자들에게 실질적인 혜택이 되고 있다. 가족 중 한 명을 제외한 모든 구성원의 요금제를 가장 저렴한 '스몰'로 낮춰도, 온 가족의 데이터 사용량을 늘리고 통신비를 절감할 수 있다. 기존처럼 일부 구성원이 데이터를 초과 사용해서 요금을 더 내는 경우도 사라진다.

이와 함께 '스몰', '미디엄' 이용자가 통신비를 절감하도록 기본 데이터 이외에도 여러 혜택을 강화했다. 새벽에 근무하는 서비스, 사회안전유지 직군과 1544, 050 등 대표번호와 통화를 많이 하는 배달, 운전업계 종사자들에게 유용한 혜택이다.

먼저, 0시부터 7시까지 데이터 사용 시 사용량의 25%만 차감한다. 실제로 데이터 100MB를 사용하면 25MB만 소진되는 셈이다. 0시부터 7시까지의 데이터 트래픽은 '15년 대비 4배 증가했으며, 24시간 전체 트래픽 가운데 16%를 차지한다.

영상·부가통화 제공량도 확대했다. 영상·부가통화 제공량은 주로 대표번호 통화 시 차감된다. '스몰'의 경우 50분에서 100분, '미디엄'은 50분에서 300분으로 늘렸다. 늘어난 제공량 50분, 250분을 각각 금액으로 환산하면 약 6천 원, 3만 원 수준이다.

'원조' 멤버십
서비스의 변신

4

멤버십 서비스의 '원조'

요즘 일상생활 곳곳에서 다양한 형태의 멤버십 서비스를 만나게 된다. 자주 이용하는 단골 빵집에서부터 대형마트, 헤어숍, 카페는 물론 자주 사용하는 모바일 서비스에도 멤버십 형태의 서비스가 빠지지 않는다.

어느 곳에서나 쉽게 볼 수 있는 멤버십 서비스이지만 그래도 '멤버십' 서비스를 떠올리면 통신사 멤버십이 '원조'가 아닐까. 통신사 멤버십을 이용해서 영화를 보고 식사를 하고 놀이동산을 찾는 것은 지금까지도 보통 사람들의 자연스러운 일상에 속해 있다.

하지만 최근 인터넷과 모바일을 중심으로 새로운 멤버십 서비스들이 등장하면서 SK텔레콤도 변화를 고민하게 되었다. 과거의 방식으로는 파격적인 혜택을 제공하는 최근의 새로운 멤버십 서비스만큼 고객들에게 만족을 줄 수 없을 것이라는 판단 때문이었다.

늘 그렇듯이, SK텔레콤은 고객부터 찾았다. 고객들에게 SK텔레콤의 멤버십 서비스에 대해서 물었다. 고객들은 과연 최근의 멤버십 서비스에 대해서 어떻게 생각하고 있을까?

고객들의 생생한 목소리를 듣기 위해 다양한 방법론이 동원됐다. 1천 명을 대상으로 한 온라인 설문조사를 실시했으며, 성향 및 연령에 따라 4개 그룹으로 구분하여 FGD Focus Group Discussion도 진행했다. 내부 데이터 분석과 고객조사 분석에 이어 온라인 버즈를 통한 '멤버십'에 관련된 언급량도 조사했다.

온라인 버즈 분석을 통해서 멤버십에 대한 고객들의 뚜렷한 변화를 읽을 수 있었다. 최근 6년간 온라인에서 멤버십이라는 키워드의 언급량이 무려 5.8배나 증가한 것으로 나타났다. 특히 2018년과 2020년 두 차례에 걸쳐 멤버십 키워드 언급량이 급증한 시기가 있었는데 그 시기를 살펴보니 쿠팡의 로켓와우 멤버십과 네이버의 네이버플러스 멤버십이 런칭된 시기와 정확하게 일치했다. 두 멤버십 서비스의 등장이 고객들에게 큰 임팩트를 주었음을 짐작할 수 있게 해주는 조사 결과였다.

멤버십과 관련된 키워드 변화도 눈에 띄었다. 2016년까지만 해도 멤버십과 관련된 주요 키워드는 'CGV', '아웃백', '영화', '롯데월드' 등이었다. 누가 봐도 이동통신사의 멤버십 서비스와 관련된 것임을 한눈에 알 수 있다.

하지만 2021년 분석에서는 관련 키워드가 크게 바뀌었다. 멤버십과 관련해 버즈량이 가장 많았던 키워드는 '혜택'이었으며 '네이버페이', '티빙', '결제', '한달', '구매' 등의 키워드들이 상위권을 차지하고 있는 것으로 나타났다. 멤버십에 대해 고객들의 달라진 생각이 그대로 드러났다.

T멤버십, 한도의 벽을 넘다

SK텔레콤에서 '멤버십' 서비스는 약정, 로밍서비스에 이어 고객들이 가장 많이 이용하는 서비스 중 하나다. 나름대로 멤버십 서비스에 대한 자부심도 갖고 있다. 이동통신업계만 놓고 보면 SK텔레콤의 멤버십 서비스는 가장 높은 순위를 나타내며 여전히 경쟁력을 갖고 있는 것이 사실이다.

하지만 통신사 테두리를 벗어나면 상황은 크게 달라진다. SK텔레콤 멤버십 서비스는 네이버플러스나 스타벅스는 물론 해피포인트와 엘포인트 멤버십보다도 만족도가 낮은 것으로 나타났다.

할인 적립방식은 물론 앱 사용에 이르기까지 전반적인 선호도가 떨어지면서 통신사 멤버십에 대한 만족도가 다른 업계의 멤버십 만족도에 비해 점점 뒤처지고 있는 상황이다.

최근 급부상한 네이버플러스, 쿠팡 로켓와우, 스마일클럽 등의 멤버십 서비스는 비용을 지불하고 사용하는 유료 멤버십임에도 불구하고 고객들의 만족도가 매우 높았다. 원래 지출하던 돈을 멤버십을 통해 지출하면서 비용절감 효과는 물론 추가 혜택도 누릴 수 있기 때문이다.

SK텔레콤은 이런 분위기 속에서 2021년 12월 파격적인 멤버십 개편에 나섰다. 가장 큰 변화는 T멤버십의 모든 등급에서 '연간 할인한도'를 없앤 것이다. 그동안 T멤버십 고객 중 VIP 등급을 제외한 나머지 등급의 고객은 연간 할인한도 때문에 멤버십을 마음껏 사용할 수 없었고 사용할 때마다 잔여 할인한도를 확인해야 했는데 이제 그럴 필요가 없어진 것이다.

T멤버십 고객은 멤버십 할인을 이용할 때마다 문자메시지나 앱을 통해 '잔여 할인한도' 대신 '누적 할인혜택' 금액을 안내받는다. 또한 기존의 등급별 사용처 혜택은 기본이고, 새롭게 신설된 T Day의 파격적인 할인까지 포함해 T멤버십 혜택을 대폭 확대했다. 기존 이동통신사의 멤버십 서비스 틀을 완전히 깬 것이다.

이동통신 업계에서 멤버십 제도를 처음 만든 것도 SK텔레콤이 지만 이 벽을 처음 허문 것도 SK텔레콤이다.

유료 구독 멤버십으로 통신사를 넘어 경쟁하다

SK텔레콤이 구독형 유료 멤버십 제도를 겨냥하고 만든 것이 바로 'T우주' 서비스이다.

월 9,900원을 내고 T우주의 '우주패스 all' 상품을 이용하면 11번가에서 아마존 상품을 구매할 때 무료 배송을 받을 수 있으며 5천 원 할인 쿠폰도 1장 지급 받는다. 아마존을 이용해서 가끔 물건을 구매하는 고객이라면 이 서비스를 이용하지 않을 이유가 없다. 또 11번가에서 현금처럼 사용 가능한 SK pay 3천 포인트를 매월 적립해주고 5만 원 이상 구매 시 5천 원 쿠폰도 1매 지급한다. 구글 원one의 스토리지 100GB도 무료로 제공받는다.

웨이브나 플로, SPOTV NOW 등 음악, OTT 서비스는 물론 쇼핑, 음식, 교통 및 여행, 라이프스타일, 반려동물과 관련한 서비스를 무료로 이용하거나 할인받을 수 있는 혜택도 있다.

웨이브나 플로, SPOTV NOW 같은 콘텐츠들을 매월 비용을 지불하고 구독했던 사람들 역시 '우주패스 all'을 구독하면 해당 서비스를 무료로 이용할 수 있기 때문에 마다할 이유가 없다.

또한 기존의 T멤버십처럼 SK텔레콤 고객들만을 대상으로 하는 멤버십 서비스와 달리, 유료 구독형 멤버십인 'T우주'의 경우 통신사와 상관없이 누구든 이용할 수 있다.

고객이 원하는 일이라면 통신사의 한계에 머무르지 않고 업종을 뛰어넘어 네이버나 쿠팡, 스타벅스처럼 다른 업종의 멤버십 서비스와도 경쟁을 해보겠다는 의지를 보이고 있다.

청각장애인을 위한 전화, 손누리링

손누리링은 청각장애인들이 음성통화에서 겪는 불편 해소를 위해 개발된 서비스로, 발신자에게 음성통화가 어렵다는 것을 알려주는 통화연결음 서비스이다. 청각장애를 가진 수신자가 서비스를 신청하면 발신자는 통화연결음에서 "청각장애를 가진 고객님의 휴대전화입니다. 문자로 연락주세요"라는 음성 안내를 받게 된다.

국내 청각장애인은 약 27만 명으로 추산되며, 대부분의 청각장애인들은 음성통화 대신 문자를 주고받거나 영상통화로 수화를 이용한다. 하지만 택배나 은행, 관공서 등 제3자가 보내는 고지성·안내성 전화를 받지 못해 불편하다는 목소리가 있어 왔다.

한 청각장애학교 선생님이 SK텔레콤에 '휴대폰에 걸려오는 전화가 걱정과 불안으로 다가온다'는 내용의 사연을 보냈고, 이에 SK텔레콤이 국립서울농학교와 전국청각장애인협회의 의견을 반영하여 개발에 착수해 '손누리링'을 출시하게 됐다.

손누리링은 청각장애인들이 이동전화를 사용하면서 겪는 불편을 귀담아 듣고 이를 서비스로 상용화한 첫 사례다.

문자메시지,
정보와 광고 사이를 오가다

5

문자메시지에 대한 고객의 생각

모바일 메신저들이 잇달아 등장하면서 개인 간 커뮤니케이션 수단으로서 문자메시지의 역할은 많이 줄어들었다. 하지만 전 국민을 대상으로 한 재난안내라든지, 기업들의 마케팅 용도로는 여전히 활용도가 높은 편이다. 전 국민에게 도달할 수 있는 가장 확실한 통신 수단으로서 문자메시지만 한 것이 없기 때문이다.

SK텔레콤은 고객 데이터베이스를 기반으로 문자메시지를 이용한 다양한 비즈니스를 하고 있다. 기업들로부터 의뢰받은 홍보 메시지를 보내기도 하고, SK텔레콤 내부의 다양한 소식을 알리기도 한다.

하지만 문자메시지를 받는 사람들의 입장은 어떨까? 문자메시지는 그들에게도 똑같이 유용하고 효율적인 커뮤니케이션 수단이 되고 있을까?

메시지 중 절반은 광고로 인식

SK텔레콤은 고객들이 평소 문자메시지를 얼마나 받고 있으며, 문자메시지를 어떻게 생각하는지 알아보았다.

조사를 위해 SK텔레콤 내부 데이터와 한국인터넷진흥원에 스팸문자로 신고된 SK텔레콤 발신 문자 등 MMS와 SMS 1억4000건, 한국인터넷진흥원에 신고된 스팸문자 4150건을 분석하고, 고객 1천 명과 내부 구성원 150명을 대상으로 설문조사를 실시했다. 이 조사에는 문자메시지의 포맷과 내용, 수신빈도 등 문자메시지에 대한 고객들의 경험이 포함되어 있었다.

조사 결과, 고객들은 한 달 기준으로 SK텔레콤으로부터 26건의 문자메시지를 받고 있으며, 전체로는 300건 정도를 받는 것으로 체감하고 있었다.

수신 메시지 가운데 광고로 인식하고 있는 메시지 비율이 절반을 넘었다. SK텔레콤으로부터 받은 메시지 가운데 54%, 문자메시지 전체로는 59%의 메시지를 광고로 인식하고 있었다.

SK텔레콤에서 발송하는 문자메시지 가운데 광고성 문자메시지의 비율이 34%임을 감안할 때, 고객들은 실제로 광고성 메시지라고 인식하는 비중이 더 높은 것으로 나타났다. 정보나 알림을 위한 문자메시지 가운데 상당수를 광고성 메시지로 인식하고 있는 것이다.

그러다 보니 문자메시지에 대한 피로도도 높은 것으로 나타났다. 문자메시지 전체에 대해서는 58%, SK텔레콤으로부터 받은 문자메시지에 대해서는 39%가 피로도를 느끼고 있는 것으로 응답했다. 전체 메시지 가운데 SK텔레콤에서 직접 보낸 문자메시지에 대한 피로도가 낮은 것은 그나마 다행스러운 일이었으나 그 수치도 더 낮출 필요가 있었다.

고객들은 스팸문자에 대한 걱정으로 인해 발신자의 신뢰성을 중요시하고 있었다. 특히 기업으로부터 발송된 문자를 수신할 때 발신처에 대한 상세한 정보가 없어서 믿을 수 없다는 응답도 52%로 매우 높게 나타났다. 또 문자메시지를 볼 때 관심 있는 것인지, 필요한 것인지, 문자 내용의 관련성을 중요하게 생각하는데, 실제로는 관련성이 낮은 문자메시지를 수신한 경험이 많다고 응답했다. 결과적으로 대다수의 고객에게 문자메시지는 '불청객' 같은 것이었다. 어쩌다 한 번 흥미로운 메시지 하나를 보기 위해 열 번의 불필요한 정보를 참아야 한다는 것에 많은 사람들이 공감할 것이다.

광고 폭탄이 쏟아지는 문자메시지를 보고 있으면 마음 같아서는 문자메시지를 아예 쳐다보고 싶지도 않지만, 혹여나 정말 필요한 내용이 올까 봐 그러지도 못하는 상황이다.

결과적으로는 관련성 높은 정보에 대한 기대로 문자 수신동의를 하지만 너무 자주 수신하면 부정적인 감정을 유발하여 고객이 수용할 수 있는 빈도로 보내는 것이 중요하다는 의견이었다.

문자메시지에 대한 고객의 경험을 통해 고객이 문자를 이용할 때 기대하는 가치로는 신뢰성, 가독성, 관련성, 수용성을 도출할 수 있었다.

T로고와 인증마크로 고객 신뢰 높여

문자메시지에 대한 고객의 기대와 차이가 발생하는 원인은 무엇일까? 가장 큰 이유는 알림이나 고지성 문자가 안내 주체에 따라 각기 다른 번호로 발송되고 있고, 회신 번호의 종류가 너무 많아 복잡해지다 보니 SK텔레콤 번호에 대한 고객의 신뢰를 담보하기 어려워졌기 때문이다.

SK텔레콤 내부에서 보내는 문자메시지의 경우에도 각 사업팀마다 자체적으로 광고 문자를 발송하다보니 관리 체계가 없고,

스팸문자로 여겨지는 경우가 많았다.

  이에 대한 대책으로 SK텔레콤은 자체적으로 보내는 문자메시지에 T로고와 SKT 인증마크를 넣어서 보내고 있다. 이렇게 로고와 인증마크를 넣어서 문자메시지를 보냈을 때의 신뢰도는 40%로 그렇지 않았을 때의 신뢰도 28%에 비해 훨씬 높게 나타났다. 더불어 SK텔레콤뿐만 아니라 ICT 패밀리사에 대해서도 고객들이 SK텔레콤에서 보내는 문자메시지라는 것을 쉽게 인식할 수 있도록 포맷이나 사용되는 용어 등을 통일하고 있다.

아무리 좋아도 자주 오는 건 싫다

"T딜 문자가 너무 자주 와서 불편해요."
"주말에는 T딜 문자가 안 왔으면 좋겠어요."

  AI 큐레이션 문자 쇼핑 서비스인 T딜은 SK텔레콤 고객들에게 인기 있는 쇼핑 서비스이며 이로 인해 광고 발송 건수가 가장 많은 서비스 중 하나다.

  하지만 아무리 반응이 좋아도 발송 빈도가 지나치게 높다보니 고객들의 피로도도 높아졌다. T딜에 관심이 있어서 문자 수신동의를 한 고객들도 수신 빈도에 대한 불만을 호소했다. 이에 대해 고객이 선택한 발송 주기와 시간대에 발송이 이루어지도록 했다.

문자메시지 발신자에 대한 신뢰를 높이기 위해 회신번호를 통합하고, 안심문자 마크를 넣는 등 발신번호에 대한 신뢰를 높이기 위한 시스템을 만들어 나가고 있다.

또 SK텔레콤 ICT 패밀리사의 문자메시지에 대해서는 고객이 한눈에 알아볼 수 있도록 가독성을 높이기 위한 가이드라인을 만들고 있다. 이를 위해 사용하는 용어나 문자메시지 포맷 등을 통일하는 작업을 추진하고 있다.

또 광고 문자메시지라고 해도 고객의 흥미와 관심을 유발할 수 있도록 SK텔레콤 이름으로 발송되는 광고에 대해서는 일관성을 지닐 수 있는 체계를 만들어가고 있다.

내 가족이라는
마음으로

6

보이스피싱, 원천 차단에 나서다

요즘 사회적으로 심각한 문제로 대두되고 있는 '보이스피싱'. 그 기법이 점점 진화하면서 피해를 호소하는 사람들이 늘고 있다. 수사기관이나 금융기관을 사칭하는 수준을 넘어, 최근에는 가족들을 볼모로 삼는 생활 밀착형 보이스피싱까지 그 수법도 점점 다양해지고 있다.

2021년 기준으로 연간 국내 보이스피싱 피해액은 7천억 원 이상으로 추정되고 있으며, 이로 인해 목숨까지 잃는 안타까운 일까지 발생하고 있다.

우리나라는 물론, 전 세계 각국에서 보이스피싱 피해를 막기 위해 민관협력을 기반으로 한 보호 정책을 수립하는 등 대책 마련에 나서고 있다. 이웃 나라 일본의 경우도 보이스피싱의 타깃이 될 수 있는 고령층을 대상으로 보호 조치를 강화하고 있다.

보이스피싱을 이동통신사의 책임이라고 할 수는 없지만 그 수단이 되는 서비스를 공급하는 입장에서 SK텔레콤은 그 책임감을 느끼고 적극적인 대응책 마련에 나서고 있다.

고객 조사를 통해서 피해 상황을 구체적으로 파악해 본 결과 상황이 매우 심각하다는 것을 알 수 있었다. 보이스피싱은 물론 문자메시지(SMS)를 통한 피싱인 스미싱_{SMS+Phising}으로 의심되는 문자를 받은 적이 있다는 응답이 57%나 되는 것으로 나타났다.

스미싱은 문자메시지로 전송되는 무료 쿠폰 제공 링크와 같은 인터넷 주소를 클릭하면 악성코드가 스마트폰에 자동으로 설치되어 피해자도 모르게 소액 결제가 되거나 개인 금융정보를 탈취당하는 사고를 말한다. 본인이나 지인이 피싱으로 인한 금전 피해를 당한 적이 있다는 응답도 17%나 되는 것으로 나타났다.

피싱 피해 금액에 대해서는 500만 원 미만의 피해가 절반을 넘었지만 5천만 원 이상의 피해를 입은 고객도 8%에 달하는 것으로 나타났다. 피해 금액도 점점 커지고 있는 추세다.

SK텔레콤은 문자를 이용한 스미싱을 원천 차단하기 위해 AI 기반의 스팸 및 스미싱 필터링 서비스를 제공하고 있으며 악성 앱

유포지에 대한 접속을 차단하고 나섰다.

2021년 한 해 동안 스팸 6억2천만 건, 스미싱 500만 건을 차단했고, 피싱을 유발하는 악성 앱 137만 종, 621만 건을 차단하여 고객의 스미싱 피해를 예방할 수 있었다. 또한 통신 3사 중 유일하게 민관합동으로 보이스피싱 차단에 나서, 2022년 한 해 동안 10만 4,990건_{전년대비 3.2배 증가}의 보이스피싱 전화를 차단하고, 범죄 번호로 7만2,800여명의 고객 발신을 차단함으로써 사회적 가치 측정 산식_{SV 산식 : 보이스피싱 발신 차단 건수 × 금융사기 피해 경험률(3.5%) × 보이스피싱 범죄 1건당 평균 피해 금액}으로 환산 시 약 846억 원의 사기 피해를 예방했다. 또 AI 기반 스팸·스미싱 필터링 시스템을 통해 약 6억5천만 건의 문자 스팸, 약 56만 건의 음성 스팸을 차단했다.

하지만 막아도 막아도 끝이 없는 보이스피싱의 공격으로 인해 불안해하는 고객들의 상담은 계속 늘고 있다. 보이스피싱 관련 상담의 경우 2022년 1분기 50건에 불과했으나 2분기에는 205건으로 4배나 증가한 것으로 나타났다.

SK텔레콤은 피싱 피해가 의심되는 고객 상담이 인입되면 고객의 추가 피해를 최소화하기 위해 2차 피해 방지를 위한 정보를 제공하고 고객들이 안심할 수 있도록 관련 내용에 대한 상담에 적극 임하고 있다.

그 밖에 고객과 SK텔레콤 직원들은 물론, 고객센터 상담사의 의견을 청취해서 고객들이 보이스피싱 공포에서 벗어날 수 있도록 하기 위한 다양한 아이디어를 모았다.

금융기관에서 주로 활용하고 있는 '보이는 ARS'를 도입해 상담사가 피싱 피해 고객을 사전에 인지하고 빠른 응대가 가능하도록 했으며 고객이 추가 피해를 당하지 않도록 원스톱 업무 처리로 빠른 조치를 돕고 있다. 또 야간 긴급 상담을 지원해 오프라인에서만 가능했던 고객보호 조치를 고객센터에서도 가능하도록 바꾸었다.

고객의 사소한 불안감은 물론 고객의 마음까지 챙기기 위해 심리상담 지원 체계를 수립했고, 피해 발생 시 일부 금액이라도 보장받을 수 있도록 금전적인 피해에 대한 구제 방안도 모색하고 있다.

피싱 피해를 보장하는 관련 보험이 있으나 고객 인지도가 낮아서 활용도는 많이 떨어지는 편이었다. 이에 대한 대안으로 피싱 피해 보장이 가능한 서비스에 대한 안내를 강화하고 관련 보장 혜택을 결합한 신규 부가서비스도 검토하고 있다.

피싱의 사전 예방 및 사후 대응을 위해 자체 서비스의 활용도를 높이는 방안도 마련하고 있다. T월드 내 PASS 인증을 확대하고, T전화의 자동 녹음 기능을 활용하면 피싱 피해 신고 시 통화녹음을 증빙자료로 제출 가능한 점을 안내하고 있다. 여기에 더해 최근 조직 개편에서 정보보호 관련 조직과 사이버위협 대응팀 등을 신설하여 사이버에서 발생할 수 있는 다양한 위험들에 대해서 대응해 나가고 있다.

서비스에 대한 기업의 책임 범위나 여부를 넘어 언제나 고객의 편에 서서 진정성 있는 고객 케어를 위해 노력한다는 것이 SK텔레콤의 기본 생각이다.

'내구제' 대출로부터 고객을 구하다

"나를 스스로 구제하는 대출."

일명 '내구제' 대출로 불리는 불법 대출이 이동통신 업계에도 확산되고 있다. 내구제 대출은 대출을 받기 힘든 사람들이 우회로 돈을 빌리는 방법으로 정상적으로 대출을 받을 수 없는 저신용자나 사회 초년생 등이 본인 명의로 휴대전화를 개통하거나 가전제품을 빌린 후 대출업자에게 제공하고 건당 소액을 받는 불법 사금융이다. 휴대폰 '깡'으로도 불리는 일종의 대출사기이다. 이 과정에서 연이자로 폭리를 취하거나 돈을 빌리는 사람의 명의가 의도치 않게 범죄에 연루되는 문제가 속출하고 있다.

내구제 대출은 대출업자들의 불법 광고에 금융 취약계층이 쉽게 노출되면서 발생하고 있기 때문에 이동통신업체 입장에서도 관리 시스템에 대한 책임에서 완전히 자유로울 수는 없다.

SK텔레콤은 고객에 대한 정확한 이해와 시스템 및 제도상의 허점 개선 등을 통해 문제 해결에 나섰다. 우선 내부 신용관리시스템을 업그레이드했다. 기존 신용관리시스템에 지역건강보험 등 가용한 정보 영역을 확대해 신규 요건을 추가했고, 고객들에 대해서도 신용평점을 통해 고객 신용도를 세분화했으며 필요 이상의 결제한도를 부여하지 않도록 결제한도모형도 개선했다.

한 사람이 가입할 수 있는 이동통신 가입 회선 수에 대한 한도를 대폭 줄이고 단말기 할부 한도에도 제한을 두는 등의 방법을 통해서 불법 대출로 악용되는 것을 막기 위한 장치들을 곳곳에 심어두었다.

X박스나 오큘러스 퀘스트 등 실물배송 부가서비스 상품이 '내구제' 대출로 활용되는 것을 방지하기 위해 미납 고객을 확인하고 실물 배송 주소지 중복 검사를 통해 동일 주소로 반복적으로 배송이 이루어지고 있는지도 검증하도록 했다. 엄격한 부가상품 가입 조건을 통해 내구제 대출로 이용되는 것을 막도록 한 것이다.

그밖에도 과도하게 부여된 소액결제 한도를 조정해서 회선별로 결제 한도를 차등해 적용하도록 함으로써 피해를 당했을 경우 그

규모를 최소화할 수 있도록 하기 위한 장치도 마련 중에 있다.

또한 '대포' 전화 회선 등으로 인한 추가 피해를 줄이기 위해 소액결제 고액 사용 고객이나 미납 고객 등 자체적으로 정한 기준에 맞지 않는 고객들에 대해서 소액 결제가 중단되도록 하고, 사회적 약자 이상감지 프로세스 등 사후 스크리닝 기능을 강화해 고객의 피해를 먼저 예상하고 차단할 수 있도록 했다. 또 고객 인식 개선과 인증 강화를 통해 고객 스스로 휴대폰 대출 사기에 말려들지 않도록 주의할 수 있는 장치도 마련했다.

T전화, 세계 최초 통화 플랫폼

T전화는 SK텔레콤이 2014년 2월 세계 최초로 개발한 통화 플랫폼으로 출시 1년 만에 이용고객이 500만 명을 넘어설 정도로 인기를 끌고 있다. T전화는 전화의 기본 기능인 통화에 데이터를 결합하여 통화와 동시에 시각화된 다양한 정보 검색이 가능한 'All-IP' 기반의 차세대 통화 플랫폼이다.

'T전화 2.0'은 스마트폰 화면을 통해 고객센터 업무처리가 가능한 '보이는 통화' 등 새로운 기능을 대폭 추가해서 업그레이드했다.

T전화에 음성통화 녹음을 문자로 변경해 제공하는 'AI통화녹음' 서비스를 추가했다. SK텔레콤의 AI통화녹음은 통화 시 녹음된 음성 파일을 문자로 전환해 이용자에게 제공하는 서비스로, 기존 T전화의 통화녹음 기능에 STT Speech to Text, 음성인식, 대화 분석 등 AI 기술을 더해 제작됐다.

SK텔레콤은 'AI통화녹음'의 화면을 대화창 형태로 구성, 이용자가 자신과 통화 상대방의 대화를 한눈에 구분하고 전체 통화 내용을 빠르게 파악할 수 있도록 했으며, 검색 기능을 통해 원하는 통화를 손쉽게 찾을 수 있도록 했다.

이처럼 'AI 통화녹음'의 다양한 기능들은 휘발되던 음성통화를 텍스트 데이터로 자동 전환시킴으로써 활용성을 높였다는데 의미가 있다. 즉 전화통화를 통한 비즈니스 업무나 회의, 직무상 인터뷰, 부동산 계약, 고객센터 상담 등 업무뿐만 아니라 생활 속 다양한 분야에서 생산성 향상에 큰 역할을 할 것으로 기대된다.

Chapter 3

새로운 세대의 탄생

1	365일, 고객만을 연구하는 조직
2	고객을 넘어 전 국민을 향해
3	MZ세대가 통신사를 떠나는 이유
4	'지(Z)'들이 대체 뭔데?
5	개성과 라이프스타일로 뭉친 새로운 고객들
6	옷 갈아입듯 바뀌는 '레이어드 홈'
7	인구 변화가 만드는 새로운 미래
8	Z세대보다 센 A세대가 온다
9	외국인, 유일하게 성장하는 시장
10	요즘 아이들은 무슨 생각을 할까?
11	'오운완', '오하독' 새로운 루틴을 찾다
12	최신 앱에서 고객 트렌드를 읽다
13	트렌드 변화에 '촉수'를 세우다

365일,
고객만을 연구하는 조직

1

세상에 떠도는 트렌드를 붙잡다

SK텔레콤 고객가치혁신실에는 1년 365일 고객 연구에만 집중하는 '고객 인사이트팀'이란 조직이 있다. 이 조직은 원래 '고객경험연구소'라는 이름으로 시작되었으며, 이름에서도 알 수 있듯이 고객의 다양한 경험을 조사하고 연구하는 역할을 담당하고 있다.

고객 인사이트팀은 정기 CSI 조사, 위클리 T-CSI 조사, MTS 등 다양한 방법으로 고객 조사를 실시하여 SK텔레콤의 상품과 서비스 경쟁력을 분석하는 일을 하고 있으며, 또 하나 빼놓을 수 없는 중요한 업무 중 하나가 바로 트렌드 탐색이다.

SK텔레콤이 제공하는 상품과 서비스에 대한 고객경험 연구를 넘어 다양한 트렌드 조사와 분석을 통해 얻은 인사이트를 바탕으로 다가올 새로운 고객경험들을 미리 연구하고 예측하고 있다.

현재의 사업과 특별한 관련성이 없거나 당장 직접적으로 사업에 도움이 되지 않는 분야의 일이라고 해도 세상의 변화에 민감하게 반응하며 그 속에서 새로운 트렌드 흐름을 찾으려고 노력한다. TV 속에 잠깐 스쳐 지나가는 짧은 뉴스 하나, SNS에 순간적으로 올라갔다 사라지는 피드 하나, 그리고 일상생활 속에서 사람들의 대화나 행동 하나에서도 그것이 앞으로 시장과 고객에게 미칠 영향을 먼저 생각한다.

이 과정에서 그들의 관심사는 오로지 '고객'이다. 기업 내에 많은 조직이 있지만 이처럼 고객에 대해서만 집중하는 조직을 두고 있는 곳은 많지 않다. 기업에서 고객을 위해 일하지 않는 부서가 어디 있겠느냐 만은 눈앞에 닥친 영업성과를 내야 하는 사업부의 경우 고유의 '사명' 때문에 말처럼 고객만을 위해서 모든 것을 할 수는 없다.

그러나 고객 인사이트팀의 경우는 조금 다르다. 영업이나 성과에 대한 부담은 모두 내려놓고 오로지 고객 관점에서만 생각한다. 회사의 매출이 어떻고, 이익이나 영업성과가 어떤지에 대해서 특별히 고민하지 않는다. 일단 고객이 불편하다고 하면 그 이야기를 듣고 각 사업부에 전달하는 역할을 한다.

물론 해당 사업부에서 그 의견을 받아들일 수도 있고, 받아들이지 못할 수도 있다. 하지만 '고객'이라는 '무기'를 앞세워 중요한 의사결정이 이루어지도록 설득하는 일을 한다.

IQ보다 EQ, 취미는 FGD

고객 인사이트팀은 회사 내 어느 팀보다 구성원들의 배경이나 특성, 경력 등이 다양하고 다채롭다. 그런 구성원의 특성이 전통적인 조직에 비해 수평적이고 열린 조직문화를 이끌어가는 데도 일조하고 있다.

개개인의 특성만큼이나 돋보이는 것은 특유의 조직문화이다. 고객 인사이트팀 구성원들은 늘 질문하고 대화하고 수시로 아이디어를 내놓는 일에 익숙하다. 팀원 하나하나가 각자의 관심사에서 다양한 아이디어를 쏟아내면 그 아이디어가 꼬리에 꼬리를 물고 이어지며 증폭된다. 정해진 회의시간이 아니라도 사무실 책상과 책상 사이 통로에서 선 채로 한 시간 넘게 대화를 나누는 모습도 종종 볼 수 있다. 세상에 떠도는 새로운 트렌드와 이슈들이 이들에게는 아주 좋은 대화거리이다. 누가 질문하고 아이디어를 내더라도 부정하거나 거부하지 않고 긍정적으로 받아들이는 조직문화가 있기 때문에 가능한 결과다.

고객 인사이트팀에서는 트렌드의 변화를 추적하기 위해 매년 주요 리서치 업체와 연간 계약을 맺고 스케줄을 세워 조사를 진행한다. 연간 계획했던 굵직한 이슈들은 물론 그때그때 발생하는 새로운 이슈들에 대한 조사도 병행한다.

조사할 거리가 생겼을 때 준비를 시작해서, 견적을 받고 업체를 선정하는 등의 과정이 필요 없기 때문에 일단 진행 속도가 무척 빠르다. 또 평소 리서치 업체 관계자들과 늘 대화하고 소통하면서 최신 트렌드에 대한 감각도 높일 수 있다.

고객 인사이트팀 팀원들은 기본적으로 세상 모든 일에 대해서 관심이 많은 사람들이다. 어디에 가나 이것저것 질문이 많다. 택시를 타면 택시기사들과 대화를 나누고, 자녀의 친구를 만나면 그 친구들에게 이런 저런 내용들을 묻고 대화를 나눈다.

"친구를 만나고 가족들을 만난 자리에서도 직업병처럼 FGD를 하게 된다"는 것이 고객 인사이트팀 구성원들의 '고백'이다.

노인에서부터 어린아이까지 다양한 사람들의 이야기를 편견 없이 공감하며 그들의 이야기에 귀를 기울일 수 있는 것은 공감 능력이 뛰어나기 때문에 가능한 것이다. 뛰어난 IQ보다는 EQ를 요구하는 조직이기도 하다.

열린 조직문화를 바탕으로 앞으로 다가올 새로운 트렌드를 연구하고 그 속에서 고객들이 미처 생각하지 못하는 경험까지도 미리 고민하고 있다. 이런 조직문화는 겉으로 화려하게 드러나지 않지만 조직에 조용히 내재되어 SK텔레콤의 성공적인 고객가치혁신을 이끄는 원동력이 되고 있다.

고객을 넘어
전 국민을 향해

2

고객에 대한 관점을 바꾸다

"웨이브wavve, 플로Flo, 우티UT, 티맵Tmap …."

이 단어들의 공통점은 무엇일까. 이 질문에 쉽게 답할 수 있는 사람은 많지 않을 것이다. 우선 정답부터 말하자면 SK텔레콤과 관련이 있는 ICT 서비스 브랜드들이다.

SK텔레콤을 통신서비스 회사라고 정의하기에는 현재 직간접적으로 관여하고 있는 사업들이 너무 많다. 통신은 물론 교육, 문화, 예술, 엔터테인먼트에 이르기까지 일상생활과 관련된 다양한 서비스들을 직접 운영하고 있으며 지금 이 순간에도 새로운 서비스들이 속속 등장하고 있다.

전 국민의 절반을 고객으로 보유하고 있고 그 고객들에 대한 취향과 특성을 파악하고 있기 때문에 어떤 분야든 뛰어들지 못할 사업이 없다. SK텔레콤은 이미 이동통신회사를 넘어 ICT 서비스 기업이자 투자기업으로 자리매김하고 있다. 따라서 고객에 대한 생각이나 개념도 과거와는 많이 달라졌다. 통신서비스를 사용하는 고객에 머무르지 않고 거의 모든 분야에서 활동하는 사람, 전 국민을 자신들의 잠재적인 고객으로 생각하고 있다.

SK텔레콤은 고객에 대해서 연구하고 고객이 아쉬워하는 것, 고객에게 필요한 것이 발견되면 그것을 사업으로 연결시킨다. 그렇기 때문에 SK텔레콤의 주요 상품이자 경쟁력은 바로 '고객'이라고 할 수 있다. 고객에 대해서 집중적으로 연구하고 분석하는 이유도 바로 그 때문이다.

'멜론'은 알아도 '플로'는 몰라

앞에서 언급했던 '웨이브wavve'는 지상파 방송 3사의 콘텐츠를 중심으로 하는 OTT 서비스다. SK텔레콤에서 운영하고 있지만 SK텔레콤 고객이 아니어도 이용하는데 전혀 상관이 없다. 고객들도 서비스를 운영하는 회사가 어디인지 알지 못하며 굳이 알려고도 하지 않는다.

SK텔레콤이 고객들을 대상으로 조사한 결과에 따르면 '웨이브'

에 대해서 알고 있다고 응답한 고객이 70%에 달하는 것으로 나타났다. 국민 10명 중 7명이 알고 있다면 그리 낮은 인지도는 아니다. 하지만 반전은 웨이브를 알고 있는 고객 가운데 웨이브가 SK텔레콤과 관련이 있다고 생각하는 고객이 29%에 불과하다는 점이었다. 웨이브를 통해서 드라마를 열심히 보면서도 그것이 SK텔레콤이 운영하는 서비스라는 것을 아는 사람이 많지 않다는 것이다. 오히려 SK텔레콤과는 아무 관계가 없는 티빙 브랜드를 SK텔레콤에서 운영한다고 생각하는 사람이 14%에 달하는 것으로 나타났다. 이 정도면 기업과 브랜드 간 연관성이 거의 없다고 봐도 될 듯하다.

SK텔레콤의 음원 서비스인 '플로Flo'에 대해서 알고 있는 고객은 36%에 불과했다. 플로는 SK텔레콤이 기존의 멜론 서비스를 매각하고 난 후 새롭게 런칭한 음원 서비스다. 그래도 플로를 알고 있는 고객 가운데 절반 정도인 53%가 플로가 SK텔레콤과 관련이 있다고 응답을 했지만 전체 국민 기준으로는 19%만이 그 사실을 알고 있는 것으로 나타나 웨이브와 큰 차이가 없었다.

SK텔레콤이 운영하는 ICT 서비스들은 SK텔레콤 브랜드에 어떤 영향을 미칠까? SK텔레콤 ICT 서비스 중에서 가장 간판 서비스라고 할 수 있는 것이 T맵과 T전화다. 우선 T맵은 조사 대상 고객의 87%가 그 존재를 알고 있을 정도로 인지도가 높았고, T맵이 SK텔레콤과 관련이 있다는 것을 알고 있는 고객도 84%에 달했다. 대부분의 고객들이 SK텔레콤이 T맵을 운영하고 있다는 것을 정확하게 인지하고 있었다.

T맵이나 T전화 모두 SK텔레콤에 대해서 긍정적인 영향을 준다는 대답이 70%가 넘은 반면, 부정적인 영향을 준다고 응답한 사람의 비율은 1%도 채 되지 않았다.

반면 택시 호출 앱인 우티UT에 대해서 알고 있는 고객은 19% 밖에 되지 않았고 그나마 우티가 SK텔레콤과 관련 있다고 생각하는 사람은 7%에 불과했다. 비슷한 서비스인 카카오T에 대해서 전 국민의 79%가 알고 있고 카카오와 관련이 있다고 생각하는 국민이 72%에 달하는 것과 대조적이다. 우티에 대해 만족하는 고객 비율도 51%에 불과해 카카오T의 70%에 비해 현저히 낮은 것으로 나타났다.

여기서 알 수 있었던 사실 중 하나는 T맵이나 T우주처럼 SK텔레콤에서 운영하는 ICT 서비스라는 것을 고객들이 정확하게 인지하고 있는 서비스의 경우 SK텔레콤 이미지에 긍정적인 영향을 미쳤으며, 고객들이 제대로 인식하지 못하는 브랜드의 경우는 부정적인 영향을 미쳤다는 점이다. SK텔레콤이 운영하는 서비스라는 것을 제대로 알릴 필요가 있음을 보여주었다.

고객 인식을 확장하다

통신 이용 고객들을 대상으로 한 SK텔레콤의 선호도는 77%로 경쟁업체에 비해 월등히 높은 수준을 나타냈다. 하지만 이것을 전 국민의 관점에서 보면 상황은 달라진다. 전 국민을 대상으로 한 SK텔레콤의 선호도는 53%를 기록하는데 그쳤다. 통신업계 경쟁사와 비교하면 여전히 높은 수준이지만 이제 SK텔레콤의 경쟁 상대는 통신업계 뿐만 아니라 모든 ICT 기업이다.

주요 ICT 기업과 비교할 때 SK텔레콤의 선호도는 상대적으로 낮게 나타났다. 더구나 주목할 것은 연령대별 선호도에서 SK텔레콤은 연령대가 높아질수록 선호도가 높았다는 점이다. MZ세대 같은 젊은 고객층보다 40대를 비롯해서 중년층 이상 고객의 선호도가 특히 높은 것으로 나타났다.

고객이 늙어간다는 것은 곧 기업이 늙어간다는 이야기이기도 하다. SK텔레콤이 MZ세대를 비롯해서 젊은 세대에 깊은 관심을 갖고 있는 것도 이 때문이다. ICT 서비스 기업을 지향하는 SK텔레콤 입장에서는 젊은 고객들에 대한 선호도가 장기적으로 큰 영향을 끼칠 수밖에 없다. 이미 많은 분야에서 업종을 넘고, 영역을 뛰어넘어 전방위적인 경쟁이 펼쳐지고 있는 분야가 많이 있다. 이런 상황 속에서 과거의 전통적인 방식의 고객 인식에 머물러 있다면 앞으로의 경쟁이 쉽지 않을 것이다. SK텔레콤이 통신 3사와 비교 차원을 넘어 고객에 대한 인식을 확장해 나가고 있는 이유다.

모든 서비스는 고객으로부터 시작된다

SK텔레콤이 전개하는 모든 사업이나 서비스의 시작에는 가장 먼저 '고객'이 들어간다. 고객을 기반으로 새로운 니즈를 찾아내고 이렇게 찾아낸 고객의 니즈를 혁신적인 기술과 결합하여 새로운 기회를 만드는데 기여하기 위해서 고객을 제대로 이해하는 것이 필요하기 때문이다.

고객을 제대로 이해한 이후에 고객경험을 향상시킬 수 있고 고객 경험을 잘 관리해야 고객과의 관계가 제대로 성립돼서 지속가능한 경영이 가능해진다. 고객에 대해 끊임없이 연구하고 분석하고 고객으로부터 인사이트를 찾아내는 것이 바로 SK텔레콤의 출발점이다.

MZ세대가
통신사를 떠나는 이유

3

세대 구분을 세분화하다

MZ세대의 통신사 이탈이 심상치 않다. 데이터를 많이 쓰는 특성상 요금이 싼 알뜰폰으로 변경하는 고객들이 늘어나고 있다. 가성비가 좋고 가입에 필요한 별다른 약정이 없으며 비대면으로 편리하게 가입할 수 있는 등의 특징이 MZ세대들의 니즈와 맞아떨어지면서 나타난 현상이다.

SK텔레콤은 고객 중에서 특히 MZ세대 고객들의 통신 서비스에 대한 인식 변화와 인사이트 도출을 위해 버즈Buzz 분석과 FGDFocus Group Discussion를 통해 고객 조사를 실시했다. 버즈Buzz는 영어로 윙윙거리다, 윙하는 소리를 낸다는 뜻을 갖고 있으며 마케팅 용어로는 SNS나 블로그, 커뮤니티, 뉴스 등 온라인에서 오가

▲ MZ세대들을 대상으로 한 통신 서비스 관련 버즈

는 특정 이슈나 주제의 이야기를 의미한다. 버즈 분석이란 온라인 상에서 떠도는 수많은 게시글을 분석함으로써 트렌드를 파악하는 방법이다.

SK텔레콤은 네이버 블로그와 다음, 카페, 뽐뿌, 클리앙 등 커뮤니티, 네이버 뉴스 등을 통해 53만 건에 달하는 버즈를 수집해 13만 건으로 필터링한 후 분석한 결과를 통해 알뜰폰에 대한 MZ세대들의 마음을 들여다봤다.

MZ세대들의 버즈에서는 아이폰, 5G, 자급제, 저렴, 갤럭시, 무제한 등이 자주 언급된 것으로 나타났다.

알뜰폰에 대한 최근 3개년 버즈 추이를 분석할 결과, 2019년 9만8천 건에서 2020년 10만7천 건, 2021년 13만3천 건으로 매년 증가하고 있으며 특히 최근 그 증가폭이 커진 것으로 나타났다. 또 2021년 한 해 동안의 알뜰폰 관련 버즈 추이를 살펴본 결과 갤럭시나 아이폰 등 새로운 스마트폰이 출시된 시점에서 버즈량이 크게 증가했음을 알 수 있다.

이어서 20~40세 남녀 MZ세대 중 현재 알뜰폰을 이용하고 있는 고객, 이동통신사 서비스로 전환한 고객, 알뜰폰 가입을 고려했거나 포기한 고객 등 5그룹으로 나눠 FGD를 진행했다.

MZ세대 이해를 위한 키워드, '인스타그래머블'

MZ세대들이 이동통신사를 떠나서 알뜰폰으로 옮겨간다는 것은 단순히 요금이 저렴하다는 이유 때문이 아니라 근본적으로는 그들의 소비패턴이나 가치관이 잘 맞았기 때문인 것으로 분석됐다. 경제적인 측면에서 MZ세대들은 '짠테크' 성향을 보였다. 코로나로 인해 경제 불안이 가중되면서 쓸 돈은 쓰지만 그 외의 불필요한 소비는 극히 줄이는 모습을 보여주었다.

또한 가치적인 측면에서는 인스타그램에 올릴만한 가치가 있는 대상, 즉 자신을 특별하게 보일 수 있도록 하는 '인스타그래머블 instagramable' 대상에 대해서는 가격이 비싸도 기꺼이 비용을 지불할 의사를 갖고 있지만 그렇지 못한 대상에 대해서는 큰 가치를 두지 않았다. 최신 스마트폰에 대해서는 기꺼이 비용을 지불할 의지를 보이지만 눈에 보이지 않는 통신망에 대해서는 어떤 것이라도 상관없다는 생각이 대표적이다. 최신 아이폰이나 애플워치는 인스타그램에 올릴 수 있지만 자신이 사용하는 이동통신 서비스는 인스타그램에 올릴 수 없기 때문이다. MZ세대는 인스타그램에 올릴 수 없는 것에 대해서는 선뜻 큰돈을 지불할 생각이 없다. 이동통신 사업자이든 알뜰폰 사업자이든 데이터만 잘 사용할 수 있다면 그들에게는 문제가 되지 않았다.

　MZ세대 특유의 구속받기 싫어하는 성향도 이동통신사의 서비스를 떠나는 이유 중 하나로 지목됐다. 기성세대의 경우 한 번 스마트폰을 구입하면 싫으나 좋으나 약정기간이 끝날 때까지 사용하는 것이 너무나 당연한 일이었지만, MZ세대들은 싫증나고 지겨우면 스마트폰을 바로 처분하고 다른 폰으로 옮겨가는 것이 너무나 자연스럽다. 그렇기 때문에 장기간 약정에 얽매이는 것에 대해서도 부정적인 반응을 보였다.

　비대면 거래 방식에 익숙하기 때문에 온라인에서 직접 정보를 얻어서 스마트폰을 구입하는 것이 자연스러우며 굳이 오프라인 전문점에 갈 필요를 느끼지 못하고 있는 것으로 나타났다.

그럼에도 불구하고 알뜰폰 서비스로 떠나지 않거나 떠났다가 다시 돌아오는 MZ세대들도 있었다. 그 이유는 고객센터에 대한 연결이나 데이터 통화 품질에 대한 우려 때문이었다. 특히 1년에 한두 번 연락할까 말까 하는 고객센터이지만 문제 발생 시 즉시 대응할 수 있는 채널에 대한 필요성을 공감하고 있었고, 알뜰폰 통신망의 안정적인 서비스에 대한 불안감도 여전히 존재하고 있었다. 또 개인정보 유출이나 문제 발생 시 이용자를 적극적으로 보호해주지 않을 것이라는 불안감이 존재했다. 그밖에 통신사에서 무료로 제공하는 와이파이 등 그동안 당연하게 여겼던 통신사 제공 부가서비스들이 알뜰폰 서비스에서 제공되지 않는다는 것을 알고 돌아오는 고객들도 있었다.

거기에서 MZ세대를 대할 실마리를 찾은 셈이다. 문제가 다 나왔으니 해결책도 보인다. SK텔레콤은 MZ세대들의 마음을 들여다보고 난 후 그에 대응해가는 조치들을 하나씩 취하고 있다.

당연한 것 같지만 없으면 고객이 불편하게 느낄 수 있는 부가서비스에 대해서 다시 점검을 했고, MZ세대의 소통 방식에 맞는 고객센터 커뮤니케이션 방식도 다변화했다. 또 개인정보를 빈틈없이 잘 지키는 회사라는 인식 강화에 나섰다.

비대면 채널을 더 신뢰하는 MZ세대에게 가까이 다가가기 위해서 ICT 기술을 접목해 새로운 접점을 찾아 나섰고 MZ세대의 사용 경험에 적합한 콘텐츠 발굴에도 적극 나서고 있다.

맞춤화된 서비스를 중요시 하는 MZ세대의 가구 특성을 반영한 상품을 개발하고 취향에 따라 선택할 수 있는 유연한 상품 구조를 새롭게 만들고 있다.

떠나려고 하는 MZ세대들의 마음을 되돌릴 수 있을까? 그들의 마음을 붙잡을 수 있을까? 한탄이나 걱정만 하는 것이 아니라 그들의 마음을 정확하게 들여다보고 원인을 찾아 해결하려고 하기 때문에 분명히 의미 있는 변화를 가져올 수 있을 것이다.

MZ세대 직원들의 생각을 듣다

MZ세대 고객의 마음을 얻는 것이 어렵지만 그들은 멀리 있지 않다. SK텔레콤 직원들은 곧 SK텔레콤 고객이며 MZ세대의 젊은 직원들도 매우 많다. MZ세대들의 목소리를 듣기 위해 멀리 갈 필요 없이 내부에 있는 직원들의 목소리를 듣는 것이다.

SK텔레콤이 활용하는 고객 조사 방법 중에 '주니어 보드'라는 것이 있다. 젊은 사람들의 생각을 듣기 위해 상품이나 서비스 출시 전에 SK텔레콤은 물론 ICT 패밀리사의 젊은 직원들로 구성된 그룹을 만들어 그들로부터 생생한 의견을 취합하는 것이다.

자발적으로 지원자들을 모아서 상품이나 서비스별로 그룹을 나눠 일정 기간 활동하도록 한다. 조별로 나누어 주니어보드 멤버들이 고객 관점에서 상품이나 서비스를 써보고 문제를 제기하고 새로운 아이디어를 내도록 한다. 그런 다음 '서비스 혁신회의'를 통해서 이들의 경험을 발표하고, 실제 상품이나 서비스에서 개선될 수 있도록 개발 과정에 반영되기도 한다.

기업에서 의사결정을 하는 윗사람보다 오히려 젊은 사람들이 비슷한 또래의 젊은 고객들의 생각을 더 잘 알 수 있을 것이라는 취지에서 시작된 제도로 앞으로도 더욱 확대해 나갈 계획이다.

고객의 눈으로 개선하는 '고객자문단'

SK텔레콤은 실질적인 고객가치 혁신을 위해 '고객자문단'을 운영하고 있다. 고객자문단은 고객이 상품·서비스의 기획·개발·유통 등 모든 과정에 직접 참여해 서비스뿐만 아니라 마케팅 전략의 관점까지 고려하고, 회사가 개발 중이거나 발굴하려는 서비스 영역에 대해 함께 연구하고 개발하는 고객 참여 프로그램이다.

고객자문단은 상품·서비스 경쟁 선도의 진정성 및 고객만족도를 더욱 높이기 위해 업계 최초로 운영을 시작했으며, 고객자문단 1기의 경우 3개월간 '특정 고객집단의 니즈 발굴 및 특화상품 개발' 프로젝트를 수행했다.

실제로 고객자문단 1기는 새롭게 출시된 'T키즈폰 준'을 사전 체험하고 심도 있는 토론을 통해 사용경험$_{UX}$과 제품의 장단점을 분석했다. 이렇게 자문단이 제안한 아이디어는 향후 제품을 업그레이드하는데 반영되었다.

SK텔레콤은 고객을 가장 잘 아는 것은 고객 자신인 만큼, 고객자문단이 실질적인 마케팅 성과와 고객만족도 제고에 많은 도움이 될 것으로 기대하고 있다.

'지(Z)'들이 대체 뭔데?

4

M과는 또 다른 'Z'세대

요즘 정치, 경제, 사회, 문화 어느 분야에서나 빠지지 않고 등장하는 'MZ세대'. 1980년대 초에서 1990년대 중반에 출생한 밀레니얼세대와 1990년대 중반부터 2010년대 초반까지 출생한 Z세대를 합친 말이지만, 한 가지 특성으로 묶기에는 세대의 범위가 상당히 넓은 편이다.

SK텔레콤은 이 'MZ세대'를 M세대와 Z세대로 나눠, Z세대만을 대상으로 한 심층적인 분석을 시도했다. Z세대에는 현재 기준으로 고등학생, 대학 새내기, 졸업반 및 취준생, 사회초년생 정도가 포함된다.

Z세대의 커뮤니케이션과 ICT 트렌드를 좀 더 상세하게 파악하

기 위해 '피어 그룹 다이내믹스Peer Group Dynamics'라는 정성조사 기법을 사용했다. 피어 그룹이란 또래 집단이라는 뜻으로 같은 지역이나 공동체 속에서 생활하는 비슷한 나이의 구성원들이 주로 놀이를 중심으로 형성한 동아리를 말한다.

사전 인터뷰를 통해서 조사하려는 주제에 적합한 오피니언리더들을 여러 명 선정하면, 이 오피니언리더가 자신이 평소 활동하는 또래들의 단톡방을 통해 최근 그들 사이의 관심사나 가치관, 트렌드 등을 확인한 후 여기에 자신의 의견과 감상을 함께 기록하고 정리해서 오프라인 좌담회를 통해 의견을 나누는 방식으로 진행된다.

오피니언리더들이 각자 또래 집단의 의견을 파악한 후 좌담회에 참석하기 때문에, 비록 회의에 참석하는 것은 오피니언리더 한 사람이지만 단톡방을 통해 얻은 다수의 의견을 함께 확인하는 효과를 거둘 수 있다. 이와 함께 인플루언서를 대상으로 한 심층 인터뷰도 진행했다.

Z세대를 사회·문화적 측면으로 분석해보면 X세대의 부모를 두고 있고 연속적인 불확실성의 시대에서 살아온 세대임을 알 수 있다. 어린 시절 신종플루를 경험했고, 중고등학교를 거치면서는 세월호 참사를 겪었다. 또 대학 입학 즈음해서는 코로나가 터지

면서 캠퍼스 생활을 제대로 만끽하지 못했으며 심지어 2년제 대학 학생들의 경우 캠퍼스도 제대로 한번 밟아보지 못하고 대학을 졸업한 안타까운 세대이기도 하다.

알고리즘을 갖고 놀다

SK텔레콤이 분석한 Z세대는 개인화 욕구가 무척 강해 자신만의 꾸미기에 대한 욕구를 갖고 있는 세대였다. 또 알고리즘을 알고 이해하는 수준을 넘어 알고리즘을 마음대로 컨트롤하고 갖고 노는 세대기이기도 했다.

사용자들이 알고리즘을 가장 많이 접하게 되는 유튜브의 경우만 해도 유튜브가 알고리즘에 따라 제공하는 콘텐츠를 수동적으로 받아들이는 것을 넘어 취향과 관심 분야에 따라 각기 다른 부계정을 여러 개 만들어 알고리즘을 구분해서 사용하기도 했다.

좋아하는 음악을 주로 듣는 계정이 있는가 하면 게임에 대한 계정, 영화에 대한 계정, 운동에 대한 계정을 따로 갖고 있다. Z세대 중에는 유튜브 계정을 7~8개씩 갖고 사용하는 사람들도 많다.

다른 사람이 자신의 계정을 사용해서 알고리즘이 섞이거나 뒤죽박죽이 되는 것을 자신의 삶이 뒤죽박죽되는 것만큼이나 싫어하며, 알고리즘이 주목할 만한 SNS 노출 전략을 능수능란하게 구사하는 세대이기도 하다. 이런 Z세대의 성향들은 MZ세대로 통칭할 때는 자세히 드러나지 않았던 Z세대만의 특별한 취향이다.

전화번호를 교환하지 않는 사람들

주변 사람들에게 전화번호를 받아 휴대전화에 저장하는 윗세대들과 달리 Z세대들은 인스타그램 메시지 등을 활용해 온라인으로 소통하는 것을 훨씬 편하게 생각한다. 저장이 되어 남는 연락처를 주고받는 것보다 SNS를 통해서 DM을 보내는 방식으로 연락을 하면 언제라도 부담 없이 관계를 맺고 끊을 수 있기 때문이다.

카톡이나 전화 등 번호 기반의 커뮤니케이션은 정말 친한 친구나 오프라인 지인의 경우에 한해서만 제한적으로 사용하고 있는 것이 특징이다. 전화번호를 커뮤니케이션의 절대적인 가치로 생각해왔던 SK텔레콤과 같은 통신사업자 입장에서 보면 충격적이면서도 기존 사업 환경을 송두리째 뒤흔드는 커다란 변화의 시작이라고 생각할 수 있다.

반면, Z세대들은 의외로 메타버스에 대해서는 아직까지 큰 흥미를 갖지 못하는 것으로 나타났다. 그 이유는 메타버스라는 플랫폼의 콘셉트가 앱을 설치하고 친구를 초대해야 하는 등의 별도의 과정을 통해서 사용할 수 있기 때문에 즉시 연결해서 소통하는 것을 좋아하는 Z세대에게는 그다지 매력적으로 다가오지 못하는 것으로 보인다. 기성세대의 생각과 마음으로 만든 메타버스가 Z세대의 입맛에는 잘 맞지 않는다는 분석이 가능하다.

SK텔레콤은 이동통신사업자로서 전화번호를 기반으로 하지 않는 커뮤니케이션을 하는 세대에게 비번호 안심 서비스를 제공할 수 있을지, Z지들의 입맛에 맞는 구독서비스를 제공할 수 있을지, Z세대들이 재미있게 놀 수 있는 플랫폼을 제공할 수 있을지 고민하지 않을 수 없다.

SK텔레콤은 기업으로는 드물게 자사의 서비스를 이용하는 고객의 개념을 넘어 거의 전 국민, 전 세대, 혹은 취향이나 관심사를 대상으로 고객을 세분화해서 깊게 연구하고 있다.

기업에서 활용하는 고객연구 자료라고 하면 대학이나 연구소에서 나온 고객 자료를 인용하거나 일부 활용하는 정도가 대부분이다. 이에 반해 SK텔레콤의 고객 분석은 이러한 연구기관의 분석에 비해서 훨씬 더 직접적이고 상세하고 정확하다. 우선 표본조사 수가 많고 또 고객 분류에 따라 타깃화 한 조사를 진행할 수 있기 때문에 가능한 일이다.

SK텔레콤은 고객이 전부이고, 고객이 모든 것을 결정한다는 기본적인 마인드를 갖고 있다. 기업의 현재는 물론 미래도 오로지 '고객'이 쥐고 있고 고객에게 달려 있다는 것을 너무나 잘 알고 있기 때문에 고객에 대한 탐구에 조금도 고삐를 늦추지 않고 있다. 고객에 대한 연구에 '진심'인 이유가 바로 여기에 있다.

개성과 라이프스타일로 뭉친
새로운 고객들

5

행동심리학으로 고객을 분석하다

　SK텔레콤은 고객 분석에 있어서 전통적인 방식의 인구통계학적 분석 외에 행동심리학적 접근 방식의 분석도 새롭게 시도하고 있다. 인구통계학적 분석이란 성별, 나이, 직업, 지역 등 전통적인 인구통계학적 요소를 기반으로 세분화해서 분석하는 방식이다. 우리가 흔히 말하는 Z세대, MZ세대, 시니어 등의 구분이 바로 이러한 인구통계학적 분석을 통한 세그먼테이션이라고 할 수 있다. 인구통계학적 분석은 기존 조사 데이터가 상대적으로 풍부하기 때문에 이를 활용한 분석이 용이하다는 장점이 있다.

　이에 반해, 사이코그래픽Psychographic 분석이라고도 불리는 행동심리학적 접근 방식은 소비자의 개성이나 태도, 라이프스타일과 같은 소비자행동의 심리학적 기준에 따라 시장을 세분화하는 것을 의미한다. MZ세대라고 해서 다 똑같을 수 없고 시니어세대이거나 서울 거주자라고 해서 일률적인 생활 방식을 갖고 있는 것은 아니다. 행동심리학적 접근 방식은 행동이나 신념, 관심사 등을 중심으로 세분화를 하기 때문에 타깃 고객의 선호도와 정서 파악에 훨씬 효과적이며 보다 개인적인 분석이 가능하다.

반려동물을 키우는 가정이나 캠핑을 즐기는 가족, 특정 야구단 팬 등이 여기에 해당된다. 강아지를 키우는 가정은 강아지라는 공통점으로 통하고 고양이를 키우는 가정은 또 강아지를 키우는 가정과는 또 다른 공감대를 형성하기도 한다. 프로야구단의 팬이라고 하면 나이와 직업, 지역을 막론하고 '대동단결'하는 특유의 공통점을 갖고 있다.

금쪽같은 내 새끼

SK텔레콤은 행동심리학적 접근을 통한 고객 분석을 통해 요즘 한참 뜨고 있는 반려동물 가구를 들여다보기로 했다. 반려동물을 키우지 않는 사람이라면 상상하지도 못한 일이겠지만 2020년 인구주택 총 조사에서 처음으로 반려동물 가구가 조사에 포함되는 등 최근 반려동물은 이미 가족의 개념에 가정 내에 깊숙하게 자리하고 있다. 이제 "강아지도 한 가족"이란 말이 괜한 구호가 아니라는 것이 간접 증명된 셈이 됐다.

TV를 켜면 각종 반려동물 내용들이 TV 프로그램을 장악하고 있다. 장수 프로그램으로 자리 잡은 'TV 동물농장'을 비롯해서 '개는 훌륭하다', '개밥 주는 남자' 등 반려동물 프로그램들이 TV마다 넘쳐난다. 좋아하는 가수나 배우에 대해서는 '호불호'가 있지만 반려동물 프로그램에 대해서는 온 가족이 거부감 없이 받아들이는 것도 큰 특징 중 하나다. SK텔레콤은 직접 반려동물 관련 사업을 추진하고 있기 때문에 단순히 고객 조사로 끝내지 않고 고객 관점에서 점검하고 관련 사업에 추가 아이디어를 제공하는 등 관련 조사에 적극 참여했다.

SK텔레콤은 '엑스칼리버(X Caliber)'라는 이름의 반려동물 헬스케어 서비스를 준비하면서 이에 대한 고객들의 의견을 적극적으로 청취해 서비스에 반영할 수 있었다. 엑스칼리버는 반려동물의 엑스레이(X-ray) 사진을 찍어서 올리면 AI가 이것을 3초 만에 분석해 수의사의 진단을 돕는 AI기반 수의영상진단 보조서비스다.

반려동물 관련 조사는 우선 전문가 인터뷰로부터 시작했다. 국내 반려동물 전문가 세 사람을 대상으로 1대1 심층 화상인터뷰를 통해 반려동물 시장과 트렌드에 대한 현황과 전망을 듣고 전문가 관점에서 반려동물 관련 니즈를 이해하는 시간을 가졌다.

불과 20년 전만 해도 반려동물은 '애완동물'이라는 이름으로 불리며 아파트에서 키우기 위해서는 주민들의 눈치를 봐야 하는 존재였다. 하지만 요즘은 반려동물이 가족의 일원이라는 인식이 자리 잡으면서 삶의 중요한 요소인 거주공간에 있어서도 영향을 미치는 존재가 되었다. 반려동물에 대한 시선의 변화로 "사지 말고 입양하자"는 캠페인이 벌어지고 있는 것에도 주목했다. 입양 의향자의 85.1%가 유기동물 입양에 의향이 있는 것으로 파악되면서 이 캠페인에 힘을 실어주고 있다.

반려동물 동반 캠핑장이나 반려동물 카페가 생긴 지는 이미 오래고 반려동물을 위해 특별 설계를 한 아파트가 등장하는가 하면 반려동물을 위한 인테리어도 인기를 끌고 있다.

반려동물 시장의 주인공이 소형 반려견에서 반려묘로 바뀌고 있는 트렌드에도 주목했다. 출근이나 외출 시 분리불안을 겪는 반려견보다 상대적으로 분리불안 증세가 적은 반려묘에 대한 선호도가 높아지고 있는 것이 최근 트렌드 중에 하나다.

'펫 육아'에서 '펫 헬스케어'까지

자녀 대신 반려동물을 선택하는 사람들을 의미하는 '펫육아'에서부터 '반려견'을 제치고 주연으로 등장하고 있는 '반려묘', 반려동물의 고령화와 함께 성장하고 있는 '펫 헬스케어' 등 반려동물과 관련된 다양한 용어들이 새롭게 등장하고 있으며 반려동물 증가에 따른 사회적 갈등도 부각되고 있는 것으로 나타났다.

펫육아는 반려동물을 자녀로 대하는 사람들을 의미한다. 특히 경제력을 갖춘 무자녀 가구와 5060세대에서 자녀를 양육하는 것처럼 반려견을 양육하며 이들에게 아낌없이 투자하는 모습을 볼 수 있다.

아이를 갖지 않는 맞벌이 부부를 의미하는 딩크족(DINK, Double Income No Kids)에 펫을 합성한 '딩펫족'이라는 단어까지 등장했다.

육아산업에서 나타났던 '골드키즈'와 유사한 현상이 반려동물을 대상으로 새롭게 나타나고 있으며 반려동물을 키우는데 필요한 각종 도서는 물론 반려동물 유치원, 반려동물 생일파티와 동반 가족사진 서비스 등도 인기를 끌고 있다.

노령견과 노령묘의 증가로 인해 노령 반려동물 대상의 체계적인 헬스케어 서비스가 앞으로 더욱 중요해질 것으로 예상되고 있다. 노령 반려동물 전용 치료제 등장과 반려견 헬스케어 제품 시장이 성장하고 있는 것에도 주목했다.

SK텔레콤은 반려동물에 대한 시장조사와 함께 '소비자 크리에

이티브 워크숍'이라는 방법론을 통해 실제 반려동물을 키우는 사람들에 대한 생각을 모으는 작업에 들어갔다.

'소비자 크리에이티브 워크숍'은 실제 반려동물을 키우는 사람들을 모아놓고 아이디어를 모으는 자리다. 포커스 그룹 디스커션이 사람들을 모아 문제점이나 장단점 등을 토론하는 자리라면, 소비자 크리에이티브 워크숍은 이보다 더 적극적인 방식으로 구체적인 아이디어를 모으는 자리라고 할 수 있다.

이를 위해 서울 및 수도권에 거주하는 성인 남녀 16명을 모아 활동 다이어리를 작성하고 소비자 워크숍을 실시했으며, 출시 준비 중에 있는 서비스에 대한 소비자 반응을 조사했다.

그밖에 추가 아이디어 개발 워크숍을 통해 신규 서비스에 대한 고객 기대와 아이디어를 도출해 라이프스타일과 헬스케어, ESG 관련해서 24개의 아이디어를 정리했으며, 앞으로도 추가 사업으로 이어질 수 있을 것으로 기대하고 있다.

반려동물에 대한 고객 조사는 단순히 시장을 알아보는 사전 조사 성격을 넘어서 이미 진행하고 있는 사업과 관련해서도 관련부서와 협의를 거치면서 기존 서비스를 더욱 강화하는 효과를 가져왔다. 새로운 사업을 추진하는데 있어서 고객의 의견보다 더 중요한 것은 없다.

AI기반 수의동물 영상진단 보조서비스 '엑스칼리버'

SK텔레콤이 선보인 엑스칼리버X Caliber는 AI가 반려동물의 엑스레이X-ray 사진을 분석해 수의사의 진단을 돕는 AI기반 수의영상진단 보조서비스다. 수의사가 반려견의 엑스레이 사진을 찍어 AI플랫폼 '엑스칼리버 VET AI'에 업로드하면, AI가 반려견의 비정상 여부를 판단해 다시 수의사에 관련 정보를 전송하는 시스템이다.

전국에는 약 4,000여 개의 동물병원이 있지만 영상진단을 전공한 전문 수의사가 수백 명에 불과한 수준으로, AI기반 영상 진단보조서비스의 보급으로 빠른 영상 판독과 진단이 기대된다. 아울러 반려동물을 키우는 인구가 1,500만 명에 달하는 시대를 맞아, SK텔레콤이 보유한 AI 기술을 활용해서 반려동물의 의료 복지를 증진시키는 사회적 가치도 담고 있다. 엑스칼리버는 AI의 판독 결과와 국내 대형 동물병원 영상전공 수의사들의 판독 결과를 비교해본 결과, 양측의 의견이 합치하는 비율이 분야별로 84~97%를 기록해 진단 보조 솔루션으로 유효성을 입증했다. 농림축산검역본부로부터 '국내 제1호' 엑스레이 기반 동물의료영상 검출 보조 소프트웨어 허가를 획득, 처음으로 'AI의 동물 진단 보조시대'를 열게 됐다.

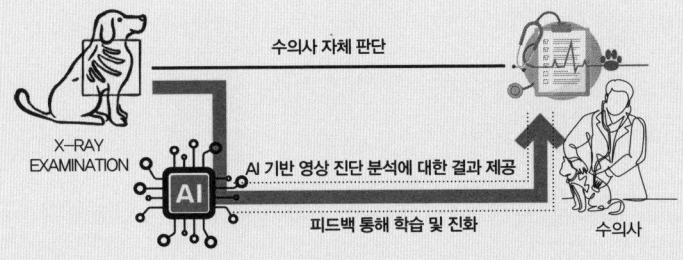

옷 갈아입듯 바뀌는 '레이어드 홈'

6

달라진 삶, 달라진 집, '홈테리어'

사람들의 삶이 바뀌면서 그들의 주거공간인 집에 대한 생각도 바뀌고 있다. 과거에는 집이 휴식 공간이었으나 코로나 이후 집의 역할은 크게 바뀌었다. 이제 집은 휴식의 공간이자 일, 교육, 운동의 공간이 되었다. 이렇게 집이 여러 벌의 옷을 걸쳐 입어 멋을 부리는 레이어드 룩Layered Look 패션처럼 집이라는 공간이 주거의 기본 기능에 새로운 기능을 여러 겹 덧대어 변화할 수 있다는 의미에서 '레이어드 홈Layered Home'의 개념으로 진화하고 있다. 이러한 주거 공간의 역할 변화는 코로나가 종식되어도 지속될 것으로 예측되고 있다.

SK텔레콤이 가장 먼저 주목한 트렌드는 '홈테리어Home-terior'이다.

집에서 다양한 활동을 하기 위해서는 불필요한 물건들을 버리거나, 팔거나 해서 집안을 정리하는 일부터 해야 한다.

이러한 추세에 맞춰 정리정돈과 미니멀리즘 관련 콘텐츠가 인기를 끌었고 집에 있는 물건들을 치우다보니 당근마켓 같은 중고 거래 시장이 급성장했다. 인테리어에 대한 관심이 급상승하며 사적인 공간이었던 집 내부를 타인에게 적극적으로 공유하고 소통하는 일도 늘고 있다.

과거 집의 개념이 감춰져 있는 사적 공간이었다면 지금은 과시하고 자랑하는 공간이 되었다. 이런 트렌드와 함께 오늘의 집, 인스타그램, 유튜브, 블로그와 카페 등 다양한 플랫폼에서 사용자가 직접 자신의 집 인테리어 사진을 업로드하여 공유하는 것이 유행했고 인스타그램 해시태그로 '#집스타그램'이 인기를 끌었다.

코로나에 따른 불황으로 인해 생필품과 식품에 대해서는 가성비를 따지면서도 프리미엄 가전제품이나 인테리어 제품에는 돈을 아끼지 않고 과감히 투자하는 '코로나 플렉스' 현상도 나타났다. 디자인 모듈러 가전이라는 콘셉트로 큰 인기를 끈 삼성전자의 비스포크 냉장고나 LG전자의 오브제 컬렉션이 대표적이다. 외부 마사지나 스파 이용이 어려워지면서 대체재로 안마 의자 수요도 증가했다.

실내 공간이라는 한계를 극복하기 위해 인테리어 효과도 있으면서 실내에서 태양 아래에 서 있는 효과를 제공하는 홈 바이오 테라피 제품도 등장하고 있다.

사람들은 방이나 벽 같이 물리적으로 주어진 공간 구조를 구분의 기준으로 삼는 것이 아니라 활동을 기반으로 하여 공간 내 맞춤 인테리어를 하고 있다. 집이 아무리 작아도 방 한쪽 구석에 피트니스나 조리공간을 만들어놓고, 카페존을 만들고, 전망이 좋은 곳에 워크존을 만드는 식이다.

집에서 일을 많이 하다 보니 업무 공간 인테리어에 더욱 적극적으로 관리·투자하고 있다고 해서 데스크테리어Desk-terior, 온라인 수업이나 미팅 등을 위해 설치한 웹캠을 사무공간과 어울리도록 꾸미는 캠테리어Cam-terior 같은 신조어도 등장했다.

집에 부여된 새로운 기능들

재택근무의 증가로 거주 공간 내 별도 업무 전용 공간을 마련하는 사람들도 늘고 있으며, 사무실과 유사하거나 좀 더 쾌적한 업무 환경을 갖추기 위해 업무에 필요한 장비 외에도 다양한 편의 장비를 함께 갖추고 있는 사람들도 생겨났다.

다른 어떤 활동보다 업무 활동은 데이터 속도와 끊김에 대한 민감도가 높아 데이터, 와이파이를 원활하게 사용하기 위해 다양한 방법을 시도하고 있다.

사전 준비 없이 강행하게 되었던 원격수업 초기에는 접속으로 인해 여러 문제들이 발생하기도 했으나 시간이 흐르면서 지금은 많은 사용자들이 원격수업에 대해서 익숙해지고 있으며, 수업 콘텐츠별 특성에 맞는 솔루션이 계속 등장하면서 편의성을 체감하기 시작했다.

재택의 장기화로 비교적 공간 제약을 받지 않는 여가활동인 미디어 콘텐츠 소비가 급증했으며, 특히 OTT 서비스와 VR콘텐츠에 대한 관심이 높아지고 활용도 지속적으로 확대되고 있다.

사람들은 보고 싶은 콘텐츠 단 하나로도 구독서비스에 서슴없이 가입하는 모습을 보이고 있다. 사업자마다 제공하는 킬러 오리지널 콘텐츠가 달라 복수의 서비스를 구독과 해지를 반복하며 다이내믹하게 사용하고 있다.

손흥민 선수의 축구 경기를 시청하기 위해 프리미어 리그가 열리는 축구 시즌에 스포츠 채널에 가입했다가 끝나면 해지를 하고, 자신이 보고 싶은 드라마나 영화, 예능 프로그램을 위해 다양한 OTT 서비스를 동시에 이용하고 있는 고객들도 많았다.

집에서 혼자 운동을 하면서도 외부에서 하던 수준의 운동효과를 내기 위해 다양한 운동기구를 사용하고 있지만 운동기구의 트렌드는 과거와 완전히 달라졌다. 러닝머신처럼 큰 부피를 차지해서 공간 활용이 어렵고 층간소음의 원인이 되는 대형 운동기구를 피하는 대신 맨몸이나 소도구, 콤팩트한 장비가 선호되고 있다.

운동량을 기록하고 분석하기 위해 다양한 기기와 플랫폼을 활용하여 셀프 트레이닝을 시도하고 있으며, 효율성을 극대화하고 부상을 예방하기 위해 전문가에게 실시간으로 코칭 받는 서비스도 각광을 받고 있다.

고객이 불편한 곳에 기회가 있다

항상 고객이 불편한 곳에 기회가 있다. 뭐든지 좀 부족하고 필요한 것이 생겨야 기회도 함께 따라온다. SK텔레콤은 새로운 고객을 발견하면 그 고객들을 모아서 이야기를 듣고, 어떤 것이 불편한지 물어보고, 그 불편함을 해소해주기 위해 노력한다.

비단 통신 서비스 차원이 아니라 일상생활의 모든 것이 포함된다. 이제 통신은 물이나 공기처럼 모든 것에 필수적으로 필요한 요소가 되었기 때문이다.

SK텔레콤이 새로운 홈 트렌드를 분석하면서 가장 관심을 가졌던 불편함 중 하나는 기술소외 계층에 대한 지원의 필요성이었다. 현재의 화상회의 솔루션은 유아나 어린이, 노인 등 디지털 약자들이 혼자서 이용하기에는 어려움이 많은 것이 사실이다. 원격지원을 한다고 해도 호스트에게 주어진 권한과 원격 제어 범위가 한정적이어서 해결할 수 없는 상황이 존재한다. 또 하울링이나 스트리밍 이상 등 문제가 어디서 비롯된 것인지 알 수 없는 문제들도 생겨난다.

이에 대한 대안으로 전반적인 비서 역할을 하는 원격 업무지원 음성 AI 솔루션의 도입을 고민하고 있다. 또 온라인 클래스 등 특정 활동을 시작하려고 할 때 필요한 물품들이 있는데 이를 개개인이 알아서 하나하나 별도로 구매해야 하는 어려움도 있었다. 향초나 비누 만들기 같은 작업만 하더라도 약품이나 용액 등 관련 재료를 직접 따로 구매해야 하고 소용량 제품이 없어서 한꺼번에 대용량 제품을 구매해야 하는 일도 있었다.

이에 대한 대안으로는 필요한 기자재들만 원하는 기간만큼 대여할 수 있는 체험형 렌탈 솔루션도 가능할 것으로 보고 있다. 또 실기 미술이나 홈 트레이닝처럼 원격 상황에서 프레임 변경이 어렵고 자세가 중요한 경우 다각도의 피드백이 이루어지지 않아서 아쉬웠다. 이에 대한 대안으로는 노트북이나 스마트폰, 태블릿 등 보유하고 있는 여러 디바이스의 캠을 이용해서 자신의 모습을 다각도로 촬영, 대형 화면에서 한 눈에 모니터링하고 센서를 착용해 올바른 자세나 운동량 등의 정보를 확인하게 할 수 있도록 하는 아이디어도 떠올렸다.

집에서는 온·오프라인의 구분이 뚜렷하지 않고 루틴을 지켜서 규칙적이고 꾸준히 실천하기가 어렵다. 또 해야 할 일을 하더라도 강제성이 떨어지는 경우 스스로 동기부여가 되지 않아 쉽게 포기하게 된다. 이런 경우에 친구와 같은 미디어 콘텐츠를 보면서 대화하거나 감상을 나눌 수 있는 서비스가 있다면 무언가를 함께 하면서 서로 동기부여가 되고 자극도 받을 수 있는 서비스가 있을 것으로 기대하고 있다.

아직 서비스가 이루어지지 않은 것들이지만 고객들이 불편해 하고 필요로 한다면 언제든지 꺼내어 현실화시킬 수 있는 아이디어들을 차곡차곡 쌓아가고 있다.

인구 변화가 만드는 새로운 미래

7

<서른 즈음에>에서 <꽃보다 할배>까지

"또 하루 멀어져간다.
내뿜은 담배 연기처럼
작기만 한 내 기억 속에
무얼 채워 살고 있는지."

가수 김광석이 부른 '서른 즈음에'라는 노래의 가사 일부다. 이 노래는 '서른'이라는 나이가 주는 불안하면서도 불안정한 감성을 표현한 가사에 감성적인 멜로디, 그리고 뛰어난 가창력을 가진 가수라는 삼박자가 맞아 큰 인기를 끌었다.

이 노래는 음악적인 측면 외에 인구통계학적으로도 나름의 의미를 갖고 있다. 이 노래가 발표됐던 1994년 우리나라의 '중위연령'은 정확히 29세였다. 중위연령이란 전 인구를 나이순으로 세웠을 때 가장 중간에 오는 나이라는 의미다. 당시 시대상에 비춰봤을 때 서른이라는 나이는 인구의 절반을 넘어서서 사회의 '어른'으로 진입하는 나이이기도 했다. 그랬기 때문에 노래의 가사에서 오는 느낌이 더욱 절실하게 전해졌을 것이다.

하지만 놀랍게도 2022년 대한민국의 중위연령은 무려 45세다. 30년 가까운 시간이 흐르면서 중간 나이도 15세나 껑충 뛰었다. 우리 사회가 그 사이에 15살이나 더 늙은 것이다.

인기 TV 예능 프로그램인 '꽃보다 할배'에서 80대 선배에게 커피 심부름을 하는 40대 이서진의 역할이 결코 어색하지 않았던 이유도 바로 이런 인구통계학적 측면에서 이해할 수 있다. 40대가 어느덧 우리 사회에서 심부름시키기 딱 좋은 중간 나이가 됐다. 만약 30년 전쯤 이런 프로그램이 나왔다면 40대가 막내가 되어 심부름을 하는 설정에 많은 시청자들이 공감하지 못했을 것이다. TV 프로그램이 세상의 변화를 민감하게 포착해낸다는 것을 감안하면 이런 인구 변화가 민감하게 적용됐다고 볼 수 있다.

이 중위연령은 앞으로도 지속적으로 높아질 것으로 보이며 2070년이면 우리나라 중위연령이 무려 62세에 도달할 것으로 예

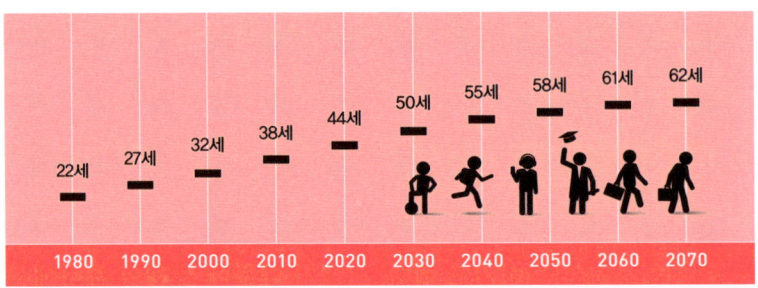

▲ 연도별 중위연령 추이(예상)

상되고 있다. 환갑 나이가 되어도 사회의 중간에도 오지 못한다는 이야기다.

생각만 해도 아찔한 이야기다. 고령화 사회라는 이야기를 용어나 개념, 혹은 표나 그래프로 이미 많이 보고 들어왔지만 이렇게 중위연령 인구를 통해서 보면 훨씬 더 직접적으로 느낄 수 있을 것이다. 이미 2025년부터 60세 이상의 인구 비중이 20%를 넘어서는 초고령 사회에 진입하게 될 것으로 예상된다. 이제 불과 몇 년 남지 않았다.

어떤 비즈니스를 하는 기업이든 인구 변화는 매우 중요한 이슈가 될 수밖에 없다. 인구가 곧 고객이고, 인구 변화는 곧 고객의 변화를 의미하기 때문이다. 인구 구성이 바뀌면 고객 구성과 성향, 취향은 물론 시장 자체가 달라질 수밖에 없다. 이미 우리나라의 인구 문제는 심각한 상태로 접어들었다. 인구감소로 인해 대

▲ 65세 이상 인구 비중 추이(예상)

한민국이 멸종한다는 이야기도 심심찮게 나오고 있다. '벚꽃 엔딩'이라고 해서 벚꽃이 피는 순서대로 대학이 망한다고 하는 이야기는 이미 현실화되고 있는 중이다.

특히 최근의 급격한 인구구조 변화는 기업은 물론, 전 사회에 큰 파급력을 던져주고 있다. 인구구조 변화는 과연 어떤 의미가 될지, 위기가 될지, 기회가 될지에 대해서도 SK텔레콤은 깊이 고민하고 있다.

세계에서 가장 출산율이 낮은 나라

두 번째는 인구감소다. 우리나라의 인구는 2020년 정점을 찍은 이후 매년 감소 추세에 있다. 인구감소의 가장 큰 원인은 출산율의 급감이다. 우리나라의 출생아 수와 출산율은 지속적으로 감소 추세에 있다. 2021년의 출생자 수는 26만 명에 불과하다. 1960년대 베이비붐세대에는 매년 1백만 명이 훨씬 넘는 신생아들이 태어났던 것을 감안하면 지금은 그 5분의 1밖에 되지 않는다.

멀리 갈 필요도 없다. 불과 10여 년 전인 2012년의 출생아 수가 48만 명에 달했던 것과 비교해도 10년 만에 연간 출생아 수가 거의 절반 가깝게 줄어든 것으로 나타나 충격을 주고 있다.

2021년 기준 출산율은 0.808명으로 나타나고 있다. 흔히 출산율이라고 말하는 합계출산율이란 한 여자가 가임기간15~49세에 낳을 것으로 기대되는 평균 출생아 수를 말한다. 여성 한 명이 아이를 한 명도 낳지 않는 시대가 된 것이다. 2022년에는 여기에서 더 떨어져 0.78명을 기록했다.

우리나라는 OECD 국가 중 압도적인 최저 출산율 국가이다. 출산율이 1미만인 국가는 OECD 국가 중 우리나라가 유일하며 2위인 스페인과 비교해도 큰 차이를 보이고 있다. 한때 우리가 저출산, 고령화 국가의 대표주자처럼 생각했던 일본조차도 2020년 기준 합계출산율이 1.42명에 달한다.

혼인 건수도 지속적으로 감소하고 있어 2011년 33만 건에서 2021년 19만 건 수준으로 불과 10년 만에 역시 14만 건이나 줄어들었다. 물론 이 시기 코로나의 영향으로 인해 더 줄어든 탓도 있지만 결혼을 반드시 해야 한다고 생각하는 인구가 51%로 절반에 불과한 수준이다.

4인 가구 가고, 1인 가구 온다

인구구조 변화의 또 다른 이슈는 '가구구조의 변화'이다. 전통적인 개념의 가구 유형은 점점 축소되어 1~2인 가구 형태로 바뀌고 있다. 이미 2020년 기준으로 가구 형태 가운데 가장 많은 가구가 1인 가구로 전체 가구의 31.2%를 차지하고 있다. 이어서 2인 가구가 28.0%의 순이다. 10가구 중에 절반인 5가구는 1~2인 가구라는 얘기다.

1~2인 가구의 증가는 점점 빠르게 진행되어 2050년이면 10가구 중 4가구가 1인 가구가 되며 1~2인 가구까지 합치면 이 숫자는 거의 80%에 육박하게 될 것으로 보인다. 1~2인 가구는 특별한 형태가 아니라 가장 일반적이고 가장 많은 사람들이 선택하는 가구의 방식이 되고 있다.

이러한 가구구조의 변화는 전체 가구 수의 증가로 이어졌다. 인구는 줄어들지만 가구는 늘어나는 기현상이 벌어지고 있다. 가구 수는 앞으로도 지속적으로 늘어날 것이다.

가족 구성원들이 줄어들면서 '핵가족'이라는 말이 한 때 유행하기도 했는데 핵가족을 무색하게 할 만큼 1인 가구의 비중이 늘어나고 있다.

여러 조사나 통계마다 4인 가구 기준이라는 말을 많이 사용하지만 현재는 1인 1가구가 대세다. 1인 1가구가 증가하다보니 사람은 줄어도 가구 수는 증가하고 있다.

2000년대 초반만 해도 우리나라의 전체 가구 수는 1,450만 가구였지만 2020년이 되면서 가구 수도 2천만 가구를 넘어섰다. 1인 가구의 수는 2040년까지 지속적으로 확대되어 정점을 찍고 그 이후로 다소 감소할 전망이다.

이제 1인 가구에 주목하지 않을 수 없을 것이다. 연령대에 따른 1인 가구의 비중은 남자와 여자가 전혀 다른 양상으로 나타났다. 남자들의 경우 30대에 1인 가구 비중이 가장 많은 비중을 차지하고 있지만 20대와 40대, 50대는 골고루 포함되어 있다. 반면 60대로 넘어가면 1인 가구의 비중은 뚝 떨어진다. 아무래도 남녀 간 수명의 차이를 반영한 결과로 보인다.

여성의 경우 20대 1인 가구 비중이 가장 높았으며 60대가 그 다음을 이었다. 이밖에도 70대와 80대 1인 가구의 비중이 상당히 높았다. 남편의 사망으로 인한 자연스러운 1인 가구의 탄생이라고 할 수 있다. 또한 1인 가구의 주축이 청년과 시니어 여성인 것으로 나타나고 있어서 이들 세대가 SK텔레콤의 ICT 서비스에 매우 유의미한 고객으로 부상할 가능성이 점쳐지고 있다.

이러한 인구 변화는 SK텔레콤의 기업 활동 전반에 걸쳐 영향을 미칠 전망이다. 예를 들어 ESG 활동만 해도 다양한 분야의 활동이 있지만 인구 구성을 고려할 때 늘어나고 있는 여성 시니어를 대상으로 하는 활동에 초점을 맞추는 식이다.

인구 변화가 이어지면서 새롭게 주목해야 될 연령대가 바로 나이든 어른들이다. SK텔레콤의 경우도 10년, 20년 전만 해도 마케팅하면 거의 10대나 20대 이렇게 젊은이들을 대상으로 했다. '스무 살의 TTL'이라는 카피로 유명했던 011 광고가 대표적이다.

하지만 이제는 또 다른 세대에 대해서도 새로운 관심의 눈으로 바라보고 있다. 그동안 집중하지 않았던 새로운 세대에 대해서 더 깊이 연구하고 분석하고 있다. 과거 10대와 20대가 차지했던 그 자리를 이제 50대와 60대가 차지할 가능성이 매우 높아졌기 때문이다. 그들이 이미 우리 인구구조의 가장 큰 비중을 차지하고 있다.

Z세대보다 센
A세대가 온다

8

5060, 언제나 '대세'인 세대

베이비붐세대로 불리는 5060세대. 지금은 MZ세대에 밀려 사회 곳곳에서 '찬밥' 신세를 면치 못하고 있지만, 과거에도 현재에도 그리고 미래에도 우리 사회에서 가장 '머릿수'가 많은 '대세'인 세대라는 것은 부인할 수 없는 사실이다.

그들이 20대였던 1990년대 인구 분포에서 가장 인구가 많은 세대가 20대였고, 그들이 30대이던 2000년대에는 30대 인구가 가장 많았다. 또 이들이 40대가 된 2010년대 역시 40대 인구의 비중이 가장 높았다. 이들이 50대가 된 지금, 즉 2020년대에 우리나라에서 가장 인구가 많은 연령대는 당연히 50대다.

5060세대들은 모든 시점에서 가장 많은 수를 차지하고 있는 세대로 비록 나이를 먹고 있지만 우리 사회에서 차지하는 비중이 결코 가볍지 않다. 이들은 지금 어디쯤 와 있을까? 은퇴의 문턱에 와 있거나 이미 넘은 사람들. 은퇴 후 인생 2막을 앞둔 5060세대들은 지금 과연 어떤 생각을 하고 있을까?

SK텔레콤은 우리 사회의 '대세' 세대인 5060세대의 일과 은퇴에 대한 생각을 들어보기로 했다.

5060세대들은 은퇴 후 가장 하고 싶은 일이 무엇일까? 그 질문에 '여행'이라고 답한 사람이 77.3%로 가장 많았고 취미 및 여가 활동이 그 뒤를 이었다. 평생 산업 역군으로 앞만 보고 열심히 달려온 세대이기 때문에 이제 생업을 떠나서 여행과 취미 및 여가 활동을 하면서 여생을 보내고 싶은 마음이 간절한 것으로 보인다. 5060세대들의 여행과 취미, 여가활동에 대한 열망은 빅데이터 분석에서도 뚜렷이 나타났다.

빅데이터가 보여주는 은퇴자들의 이동 경로

SK텔레콤은 자회사인 빅데이터 전문기업 지오비전을 통해 5060세대 120명의 이동 동선을 파악하는 흥미로운 분석에 도전했다. 그들의 이동 동선 변화를 통해서 삶의 변화를 추적해보고자 하는 시도였다. 5060세대는 은퇴 전, 집과 회사 위주로 이동했

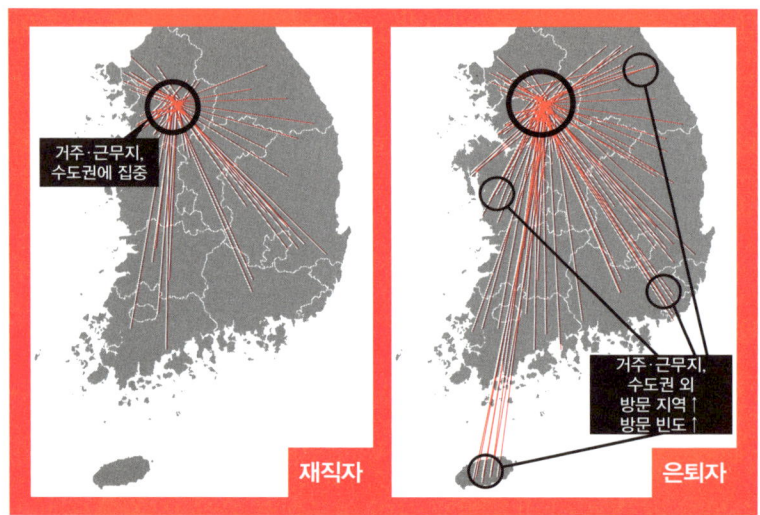

▲ 5060세대의 은퇴 전후 이동 동선 변화

고 가끔씩 출장이나 여행으로 짐작되는 지방 이동이 있었으며 은퇴와 함께 이동 반경이 넓어지는 것으로 나타났다. 특히 지방 이동이 크게 늘어났다.

　5060세대를 대표하는 페르소나로 한 인물을 선정하고 그의 이동 동선을 좀 더 자세히 살펴보기로 했다. 서울 송파구에 거주하면서 장안동에 있는 회사를 다니는 50대의 남성. 은퇴 전 이동 경로를 살펴보면 송파구의 집과 장안동의 회사를 주로 오가며 가끔 신사동이나 압구정동에서 약속을 하고 다시 송파구 집으로 돌아가는 패턴을 보이고 있다. 이 남성의 은퇴 후 이동 동선은 확

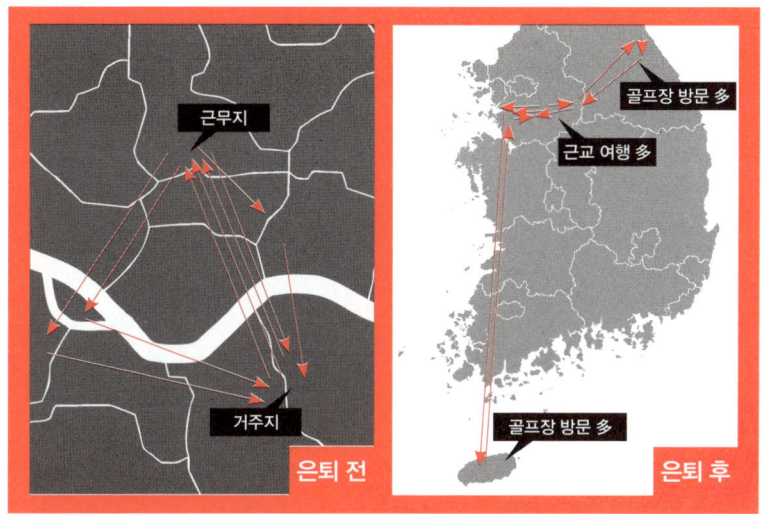

▲ 50대 남성의 은퇴 전후 이동 동선 변화

연하게 바뀌었다. 여행으로 추측되는 경기도 인근의 교외로의 이동이 많아졌고 골프장이 있는 제주도와 강원도 방문도 늘어난 것으로 나타났다.

더욱 재미있는 것은 이런 이동 동선의 패턴이 그리 오래 지속되지 않았다는 점이다. 6개월 정도가 지나자 은퇴자들의 동선은 다시 확연하게 바뀌었다. 몸도 근질근질하고 돈도 좀 더 벌어야겠다는 생각에 여행이나 골프를 줄이고 일자리를 찾아 나선 것으로 짐작된다.

버즈 분석을 통해서도 최근 은퇴자들의 생각 변화를 읽을 수 있

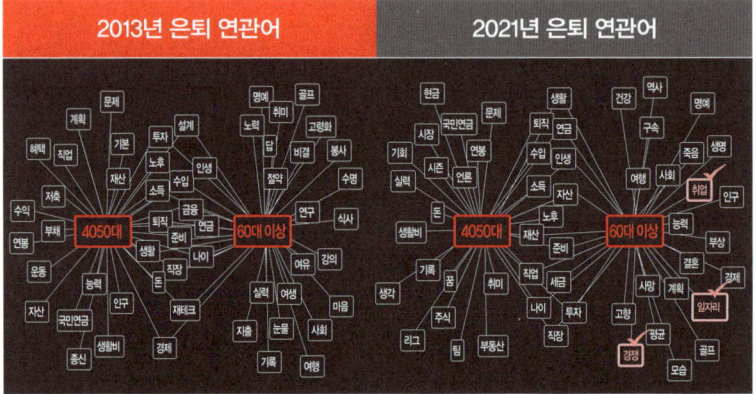

▲ 2013년-2021년 은퇴 연관어 변화

었다. 10년 전인 2013년만 보더라도 60대 이상이라고 하면 많이 언급했던 키워드들이 여유, 여생, 고령화 같은 단어였다. 하지만 지금은 이런 단어들이 크게 줄어들고 대신 그 자리에 취업, 일자리, 경쟁과 같은 단어들이 들어섰다. 20대에게서나 들었을 법한 단어들이 60대 이상의 은퇴자들에게서 나온다는 것이 놀랍다.

부모와 자녀, 손자까지 부양하는 '낀 세대'

SK텔레콤은 특히 초고령 사회의 주인공인 '시니어'에 관심을 갖고 이들에 대한 집중 분석을 통해서 시니어에 대한 전형적인 생각을 뛰어넘는 새로운 트렌드를 찾아보고 있다.

시니어라고 하면 가장 먼저 떠오르는 이미지는 무엇일까? 아마도 '은퇴'라는 표현이 가장 자연스러울 것이다. 멋진 은발 머리에 여유로운 삶을 살아가는 나이든 중년의 모습을 떠올릴 수도 있다. 하지만 SK텔레콤이 고객 조사를 통해 분석한 내용을 살펴보면 많은 사람들의 생각과 차이가 나는 부분이 있었다. 현재 60대 이상의 시니어 2명 중 1명은 놀랍게도 은퇴 대신 여전히 경제 활동을 하고 있는 것으로 나타났기 때문이다.

게다가 미래에도 일을 지속하고 싶다고 응답한 사람이 68%에 달했으며 평균 73세까지 일하길 희망하고 있는 것으로 나타나고 있다. 이들은 왜 이렇게 나이가 들어서까지 일을 하려고 할까? 가장 큰 이유는 당연하게도 경제적 수익 때문이라는 응답이 90%가 넘을 정도로 압도적이었다.

현재의 5060세대는 자녀와 부모를 모두 부양하는 '낀 세대'다. 청년 취업난과 만혼, 고령층 수명 연장으로 자녀와 부모를 모두 부양하는 첫 세대이기도 하다. 실제로 성인 자녀와 부모를 동시에 부양한다는 사람이 34.5%에 달했고, 성인 자녀와 부모 어느 한쪽이든 부양을 하는 사람들이 80%를 넘었다. 여기에 심지어 손자들의 양육까지 부담하고 있어서 이들의 경제적 역할은 앞으로도 줄지 않을 것으로 보인다.

게다가 이들은 대부분의 자산을 부동산 등 현금화가 어려운 실물 자산으로 보유하고 있어서 적은 금액이라도 정기적 수입을 필요로 하고 있다.

사회적 소속감을 느끼고 싶어서 일을 하고 싶다는 사람들도 60%에 달했다. 일이 있어야 사회적 외톨이 상태를 피할 수 있다. 건강 유지를 위해서 일하고 싶다는 사람도 54%에 달했다. '내 일'이 있어야 '내일'도 건강하다는 생각으로 일이 규칙적인 삶을 제공함으로써 건강관리와 삶의 만족도 향상에 영향을 준다는 생각을 갖고 있다.

하지만 현실은 생각과 달랐다. 일을 하고자 하지만 실제로 하게 되는 일은 주로 단순 노동에 그치는 경우가 많았다. 은행 지점장이나 5급 공무원으로 정년퇴직한 후 경비 일을 하는 사람들이 있었고, 청소 등 허드렛일 밖에 할 수 있는 영역이 많지 않은 것도 사실이었다.

이러한 흐름에서 MZ세대의 전유물처럼 여겨졌던 'N잡러' 트렌드가 5060세대에도 등장했다. N잡러란 여러 개의 일을 하는 사람을 의미한다. 5060세대의 경우 MZ세대와 달리 경제적 수익 목적도 있지만 사회 기여 등 남은 시간을 의미 있게 보내려는 생각을 갖고 있다.

또 일자리를 찾기 위해 전문적인 구인구직 서비스를 이용하는

5060세대의 비중이 꾸준히 증가하고 있으며 이런 니즈에 맞춰 시니어에 특화된 전문 플랫폼도 생겨나고 있다. 중장년 구인구직 플랫폼인 '이모잡', 중장년 시니어를 위한 재능마켓 '나선', 전문가 매칭 플랫폼 '탤런트 뱅크' 등이 대표적이다.

가정에서는 편하지만 한편으로는 걱정스러운 각방 생활을 하는 사람들이 많았고 집에서 세 끼 밥을 다 챙겨 먹는다고 해서 '삼식이'라고 불리며 배우자, 자녀의 눈치를 보며 소일거리를 찾아야 하는 운명에 처해 있었다. 게다가 신체적으로는 노안과 기억력 및 체력 감소 등 신체적 한계에도 직면해 있었다.

초고령 사회의 주인공 '시니어'에 주목하다

시니어세대의 소비활동이 시장에 미치는 영향은 생각보다 크다. 특히 일반적인 인식과 달리 시니어세대들도 인터넷 쇼핑을 적극적으로 이용하고 있는 것으로 나타났다. 60대의 인터넷 쇼핑 이용률은 2019년 20.8%에서 2021년 41.2%로 3년 만에 두 배 이상 껑충 뛰었다. 70대 이상 중에서도 23%가 인터넷 쇼핑을 이용하고 있는 것으로 나타나고 있다.

세대별 간편결제 건당 평균 금액을 살펴보면 놀랍게도 60대 이상이 금액 면에서도 가장 높았고 성장률도 가장 높아 2관왕을 차

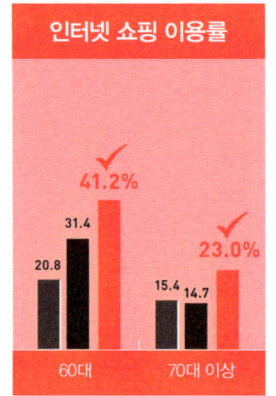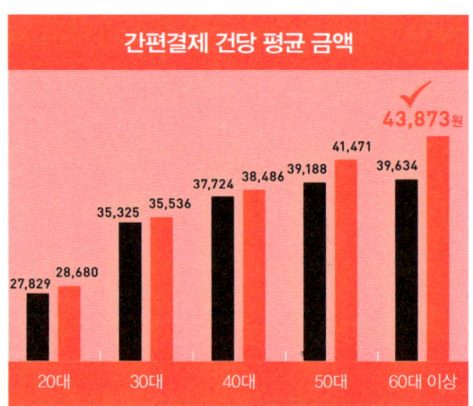

▲ 세대별 인터넷 쇼핑 이용률 및 간편결제 건당 평균 금액

지했다. 모든 시장에서 블루칩으로 여겨져 온 MZ세대보다도 월등이 높은 수치였다.

또 직주근접성을 선호하는 시니어의 특성상 거주지 기반 중고거래 서비스도 적극적으로 이용하고 있는 것으로 나타났다. 모바일 중고거래앱 이용자 추이를 보면 2016년 15%에 불과했던 50대 이상의 비중은 불과 4년 만인 2020년 30%로 두 배가 증가했다. 성장률뿐만 아니라 전체 세대별 이용률에서도 가장 높은 비중을 차지하고 있다. 또한 모바일 기반의 미디어 시청과 소통 활동이 충분히 익숙해져 동영상 서비스와 SNS도 활발하게 사용하고 있다.

하지만 이런 중요한 고객층인 시니어들의 만족도를 보면 가장 낮은 것으로 나타났다. SK텔레콤이 고객만족도를 세대별로 나누어봤을 때 시니어들의 만족도가 Z세대보다 오히려 더 낮았다. 개선의 여지가 가장 큰 시장으로 주목하지 않을 수 없는 상황이다.

A세대, 자기 투자에 적극적인 중장년

흔히 5060세대를 A세대라고도 부른다. A세대는 자기 투자에 적극적인 45세에서 64세의 중장년층을 의미하는 나이를 초월한 라이프스타일_{Ageless}에 커뮤니티와 사회에 적극 참여해 가치 있는 성취_{Accomplished}를 이루고자 하며, 자기주도적_{Autonomous}으로 살고자 하는 세대다. 자기만의 방식_{Attractive in my own way}대로 자연스럽고 품위 있게 나이 들고 싶어 하며, 생동감_{Alive} 있는 삶을 누리길 원한다. 또한 오랫동안 축적한 경험을 바탕으로 사회적으로 존경_{Admired}받고 싶어 하고, 성숙하고 수준 높은_{Advanced} 나만의 취향을 가진 사람이 되고자 하는 것도 A세대의 특징이다.

일을 지속하기 위해 외모 관리에도 신경을 쓰면서 리프팅, 탈모치료, 안검하수 등 외모를 위한 고가 시술에도 적극 관심을 갖고 있는 것으로 나타났다. 이런 트렌드에 맞추어 IT, 전자회사 등에서는 시니어들의 홈 셀프케어를 겨냥한 다양한 뷰티케어 기기 등을 출시하고 있다. 인구 면에서 가장 파워 있는 세대이며 부를 가진 세대로서 이들의 영향력은 쉽게 줄어들지 않을 것으로 보고 있다.

외국인,
유일하게 성장하는 시장

9

2030년이면 우리나라도 다문화 국가

  지속적인 인구감소로 인해 외국인들의 유입에 주목하게 되면서 SK텔레콤도 외국인 고객들에 대한 관심을 갖고 있다. 이미 정부에서는 인구감소에 대한 대비책 중 하나로 2000년대 중반부터 외국인 유입 정책을 펼치고 있으며 이민청 설립을 검토한다는 이야기가 나오는 등 앞으로도 외국인에 대한 관심은 더욱 높아질 전망이다.

  국내 인구에서 외국인이 차지하는 비중이 점차 늘어나면서 외국인은 전체적인 인구감소 추세 속에서 유일하게 증가하고 있는 인구 카테고리다. 2022년 현재 국내에 체류 중인 외국인과 귀화자, 이민자 2세 등을 모두 포함하는 이주배경 인구는 230만 명에

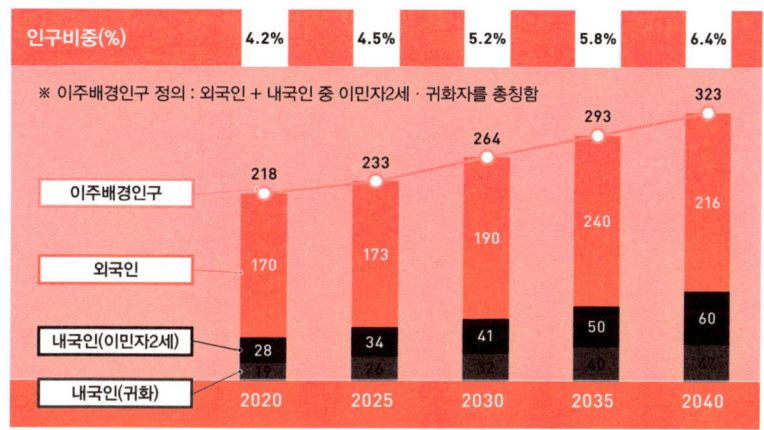

▲ **이주배경인구 인구변화 예측** (단위 : 만명)

달하는 것으로 추정되고 있다. 코로나로 인해 지난 몇 년 살짝 주춤하기는 했지만, 다시 증가세로 접어들 것으로 보이며 2040년에는 350만 명을 넘어설 전망이다.

특히 외국인들의 체류 기간별 비중을 보면 5년에서 10년 사이가 28.8%로 가장 높았고 10년 이상이 27.5%로 그 뒤를 이었다. 5년 이상 체류 외국인의 비율이 전체 외국인의 50%를 훌쩍 넘는 수준으로 나타났다. 이것은 외국인들이 잠시 스쳐가는 존재가 아니라 우리나라에 오래 머물면서 사회·경제적으로 의미 있는 변수가 된다는 이야기이다. 일반적으로 이주배경 인구의 비율이 5%를 넘으면 다문화 국가라고 부르고 있는데 우리나라의 경우

2030년이면 이 수치에 도달할 것으로 전망되고 있다. 이제 대한민국도 곧 다문화 국가에 진입하게 될 전망이다.

외국인 가입자 1인당 사용액 내국인보다 높아

1인 1휴대폰 시대를 넘어 이미 성장이 정체된 통신사 입장에서도 외국인 시장은 충분히 관심을 가져볼만한 매력적인 시장으로 떠오르고 있다. SK텔레콤은 성장하는 외국인 고객의 경험을 잘 관리한다면 충분히 시장점유율 확대에 기여할 수 있을 것으로 판단하고 있다.

특히 SK텔레콤을 이용하는 외국인 고객의 경우 가입자 당 평균 매출을 의미하는 ARPU_{Average Revenue Per User}가 내국인 고객보다 훨씬 높게 나타나 눈길을 끌었다. 충분히 매력적인 시장이 될 수 있는 잠재력을 갖고 있다는 의미이다.

하지만 외국인 고객이 주로 이용하는 선·후불 외국인 고객 시장에서 SK텔레콤의 경쟁력은 높지 않은 상황이다. 물론 SK텔레콤 전체 고객 중 외국인 고객이 차지하는 비중은 1%대로 크지 않지만, 앞으로 외국인의 증가 추세를 볼 때 미래 성장성을 위해 관심을 기울일 고객임에는 틀림없다.

이에 SK텔레콤은 외국인 고객에 대한 세밀한 분석에 들어갔다.

이를 통해 외국인 고객들을 위한 맞춤 선납서비스로 '미리MIRI'를 출시한데 이어, T월드 앱을 영문 버전으로 출시해서 외국어 통신 서비스를 확대했다. 전화상담도 영어, 중국어, 일본어 등 다국어 상담 서비스를 제공해 외국인 고객들이 이용하는데 불편함이 없도록 했다.

멘탈모델 분석으로 '트리거'와 '배리어' 분석

외국인 고객에게 더 나은 고객경험을 제공하기 위한 단서를 찾기 위해 SK텔레콤이 사용한 방식은 '멘탈 모델Mental Model 분석'이다. 이 모델은 특정한 주제에 대한 사용자의 행동 친화도를 찾는 분석으로 사람들이 하는 행동에 대해서 이야기를 나누고 패턴을 찾아서 하나의 모델로 만드는 것을 의미한다.

한국에 5년 이상 거주한 외국인들 가운데 체류 목적에 따라 재외동포, 영주, 거주, 결혼, 전문직 등에 해당되는 특성을 가진 사람들 16명을 선발해 3그룹으로 나눠 FGIFocus Group Interview를 진행했다. 이들이 SK텔레콤 서비스를 이용하면서 갖게 된 긍정적인 측면과 부정적인 측면 등 다양한 내용으로 인터뷰를 진행했다. 이어 '모바일 서베이 툴MST'를 통해 외국인을 대상으로 설문조사도 실시했다. 또한 SK텔레콤 내부의 글로벌 상담실과 외국인의 한국어 상담 등을 통해서 외국인 고객을 상담했던 사례들을 모아 '트리거Trigger' 와 '배리어Barrier' 분석을 시도했다. 트리거는 고객이 서비스를 계속 사용하게 하는데 영향을 주는 요소이고, 배리어는 서비스를 사용하지 못하게 방해하는 요소를 의미한다.

분석 결과, SK텔레콤 서비스를 계속 사용하게 하는데 영향을 주는 트리거는 '외국인 친화적인 서비스'인 것으로 나타났다. 외국인들은 홍대의 T팩토리, 영문 T월드, 외국인들을 위한 114 전화, T멤버십 등에 대해서 만족했으며 이것이 SK텔레콤 서비스를 이용하는 중요한 이유가 되고 있었다.

반면, SK텔레콤 서비스 사용을 주저하게 만드는 장벽인 '배리어'로는 어려운 가입 절차와 서비스 및 혜택에 대한 인지 부족, 제한적인 영문 T월드, 다국어 서비스 부족, 신용 제약 등이 꼽혔다. 종합적으로 외국인들이 트리거보다 배리어를 더 많이 경험하고 있어서 SK텔레콤 서비스를 이용하는데 불편함이 많은 것으로 나타났다.

해결 방법을 세분화해 선택과 집중을 통해서 개선 영역을 찾고, 외국인들이 온라인 고객 접점에서 일관된 경험 제공 방법에 대한 고민이 필요할 것으로 파악됐다.

문제가 있는 곳에서 새로운 기회의 가능성을 찾게 된다. SK텔레콤은 고객 조사를 통해 분석한 결과를 토대로 외국인들이 SK텔레콤 서비스를 이용하면서 가장 많이 겪는 어려움들을 제거하도록 하는 내용을 각 사업부에 제안함으로써 서비스 개선에 나섰다.

SK텔레콤의 ICT 패밀리사 서비스 생태계에서 언어 장벽을 개선하기 위해 AI 번역 엔진 등 기술적 대안을 검토하고 장기 체류로 고정소득과 신용카드 이력이 있는 외국인 고객들에 대해 할부나 렌탈 서비스 이용 시 국내 신용을 사용할 수 있도록 하는 방법에 대해서도 고민하고 있다.

외국인 고객은 이제 변수가 아닌 상수가 될 수밖에 없다. 줄어드는 기존 국내 고객 시장에 비해 점진적으로 늘어나고 있기 때문에 전체 비중도 점점 늘어날 것이다. 이런 추세에 맞추어 SK텔레콤은 외국인 고객 시장을 대비해 장기적으로 검토가 필요한 과제들을 하나씩 마련해 추진해가고 있다.

ICT를 테마로 한 복합 체험 공간, T팩토리

T팩토리는 글로벌 Big Player 및 SK ICT 패밀리사 등 국내외 다양한 파트너들과 초협력을 기반으로 미래 ICT 기술 비전을 제시하고, SK텔레콤만의 차별화된 서비스를 통해 다양한 문화 체험까지 즐길 수 있는 새로운 ICT멀티플렉스 복합 체험 공간이다.
T팩토리를 방문한 고객은 ▲애플·MS 등 글로벌 기업과 협력을 기반으로 한 대표 서비스와 상품 ▲보안·미디어·게임 등 SK ICT 패밀리사들의 핵심 서비스 ▲업계 최초 24시간 무인 구매존 Zone인 T팩토리 24 ▲MZ세대들을 위한 '0영 스테이지' 및 도심 속 자연 힐링 공간 '팩토리 가든' 등 기술·서비스·쇼핑·휴식 모든 영역에서 차별화 된 경험을 누릴 수 있다. T팩토리는 단순히 상품을 판매하고 체험하는 곳을 넘어, 고객의 반응과 트렌드를 읽고 그에 따라 공간을 지속 변화시키는 유연함을 갖췄다. 기술과 문화가 어우러진 T팩토리는 그 시너지를 바탕으로 국내 ICT 생태계를 대표하는 랜드마크로 진화해 나갈 예정이다.

요즘 아이들은
무슨 생각을 할까?

10

통신사보다 단말기에 관심 높은 중학생들

SK텔레콤은 고객을 세분화하고 세분화된 고객층에 대해서 늘 관심을 갖고 주목하고 있다. 고령층은 물론 어린아이들을 대상으로도 수시로 고객 조사를 실시한다.

특히 2017년 하반기부터는 '정기 CSI 조사' 대상에 중학생을 새롭게 포함시켰다. 청소년을 이렇게 중학생까지 세분화해서 고객 조사를 실시하는 기업은 아마 쉽게 찾아보기 힘들 것이다. 중학생도 중요한 소비층으로 인식하고 있다는 의미이다.

중학생들은 나이는 어리지만 이동통신 시장에서는 상당한 잠재력을 갖고 있고, 시장을 선도해가는 주요 고객군으로 인식하고 있다. 게다가 이전 세대와는 확실히 구분되는 소비행태를 보여주고 있기 때문에 관심이 집중될 수밖에 없다.

지금의 중학생들은 유치원생부터 초등학교 저학년 사이인 10세 미만의 나이에 처음으로 휴대전화를 사용하기 시작한 세대로 어느 연령대보다 휴대전화에 친숙한 세대다.

인생 첫 휴대전화 단말기는 부모가 사준 피처폰인 경우가 많았으며 부모의 입김이 강한 시절이라 부모와 본인의 의사가 50대 50 정도로 섞인 결정이었던 것으로 보인다.

부모 입장에서는 아이들 손에 일찍 휴대전화를 사주는 것이 내키지 않는 일이었지만 방과 후 학원 이동 등으로 인한 연락 문제, 친구들과의 비교 등으로 인해 사주지 않을 수도 없었을 것이다.

이렇게 피처폰으로 휴대전화 생활을 처음 시작한 이들은 초등학교 고학년인 3학년에서 6학년 사이에 스마트폰으로 갈아타는 경우가 많았다.

학원을 오가면서 부모와 연락하기 위한 목적에서 통화 기능에 충실한 피처폰으로도 충분했지만 사용하던 단말기가 파손되는 등 휴대전화 교체 수요가 생기면서 하나 둘 스마트폰으로 갈아타는 모습을 보였다. 부모가 사용하던 공기계를 물려받아서 사용하기도 했으며 중학교에 입학한 이후 비로소 본인이 원하는 단말기를 구매하는 경우가 많았다.

새로운 온라인 멤버십 제휴처 기대

중학생 고객을 3개 그룹으로 나눠 포커스 그룹 인터뷰를 실시한 결과, 확실히 중장년 고객은 물론 MZ세대와도 다른 성향을 보여주었다. 음성품질을 제외한 대부분의 분야에서 낮은 만족도를 보였으며 특히 멤버십, 광고 및 홍보, 선도이미지에 대해서 특히 만족도가 낮았다. 이것은 통신사의 멤버십 서비스 가운데 중학생들이 사용할만한 서비스가 많지 않다는 것을 의미한다.

중학생 고객들은 멤버십 서비스를 위한 충분한 제휴처가 확보되길 바랐고 온라인에서 사용할 수 있는 제휴처도 더 늘어나기를 희망했다. 오프라인에서는 PC방에서 멤버십을 사용할 수 있기를 기대했다.

포커스 그룹 인터뷰 결과 중학생 고객은 학교와 집, 학원의 제한된 공간에서 생활하다보니 멤버십 서비스에 있어서도 오프라인보다는 온라인 제휴처에 대한 니즈가 강했으며 또 이들의 소비행태도 의류나 화장품, 문제집, 게임 머니, PC방, 휴대폰 액세서리 등으로 제한되어 있어 SK텔레콤의 다양한 멤버십 혜택을 크게 체감하지 못하고 있는 것으로 나타났다.

멤버십 카드의 사용 편리성에 대한 만족도도 낮았는데 앱을 열면 멤버십 바코드가 바로 뜰 수 있었으면 좋겠다는 의견이 많았고, 멤버십 포인트를 데이터로 바꿀 수 있었으면 좋겠다는 의견도 있었다.

SK텔레콤이 전개하고 있는 광고나 홍보에 대해서는 중학생 고객들은 큰 관심이 없는 것으로 나타났다. SK텔레콤은 최근 브랜드의 자부심을 강조하기 위한 일련의 캠페인을 전개했는데 중학생들에게 크게 어필하지 못하고 있는 것으로 분석됐다.

통신사에 대한 관심이 적다보니 이동통신 서비스 가입 시, 이동통신사와 단말기 중 단말기를 더 우선적으로 고려했다. 전 세대 중에서 이동통신사보다 단말기에 더 관심을 갖고 있는 유일한 세대이기도 했다.

중학생들은 스마트폰에 대한 이야기는 나누지만 사용하는 통신사에 대한 이야기는 잘 하지 않는다. 스마트폰은 눈에 보이지만 통신사의 존재는 보이지 않기 때문이다. 그밖에 대부분의 가정이 통신사 서비스를 가족 할인으로 묶어둔 상태라 단말기는 개인적으로 선택할 수 있지만 통신사만큼은 가족의 뜻에 따라야 하며 선택의 여지가 없다는 것을 보여주었다.

초등학생의 생각에서 인사이트를 얻다

SK텔레콤은 여기서 한 발 더 들어가 초등학생 고객들에 대한 조사도 진행했다. 정기 조사 형태는 아니었지만 초등학생들의 흥미로운 생각들을 통해 이동통신의 미래를 점쳐볼 수 있었다.

조사는 초등학교 1학년부터 3학년까지의 저학년과 4학년부터 6학년의 고학년으로 구분해서 실시했는데 이 사이에도 엄청난 생각의 차이를 경험할 수 있었다.

향후 있었으면 하는 스마트 기기에 대해서 초등 고학년 학생들은 VR을 끼고 스마트폰의 앱을 이용해서 여러 가지 콘텐츠를 볼 수 있는 기기, TV와 PC 등 집안의 가전이나 컴퓨터를 말로 해서 알아들을 수 있도록 하는 스마트 IoT 구축, 엄마가 집안에 설치한 CCTV를 쉽게 볼 수 있는 기기, 인공지능 스피커를 통해 말로 얘기해서 동영상을 편하게 볼 수 있는 기기 등을 희망했다. 어느 정도 현실화가 가능하고 일부 기능들은 이미 선보이고 있는 기술들이었다.

이에 반해 저학년 학생들은 다쳤을 때 스마트폰이 순간 이동해서 치료해주거나 괴롭히는 사람을 혼내주길 바라고, 스마트폰이 의사나 경찰이 되어주길 바랐다. 스마트폰을 집에 두고 왔을 때 다시 가기 귀찮으니 날개가 달려 있어서 부르면 저절로 날아왔으면 좋겠다는 희망도 내비쳤다.

또 작은 에어컨이 자신을 따라 다니면서 시원하게 해주는 기기나 친한 친구와 함께 옷을 입고 말하면 그 친구에게만 들리는 무전기 옷 같은 아이디어도 떠올렸다.

조금은 황당하고 현실성도 떨어지는 생각들이었지만 참신하고 미래지향적이며 어른들의 생각으로는 쉽게 떠올릴 수 없는 아이디어들이어서 주목을 끌었다.

SK텔레콤은 앞으로도 디지털 네이티브인 어린 고객층을 대상으로 한 꾸준한 고객 조사를 통해 미래 ICT 산업의 새로운 인사이트를 얻어낼 수 있을 것으로 기대하고 있다.

'오운완', '오하독'
새로운 루틴을 찾다

11

코로나, 자기계발 활동을 바꿔놓다

　코로나 팬데믹 이후 사람들의 일상생활이 크게 변화한 가운데 자기계발에 대한 트렌드도 크게 바뀌었다. 오프라인 모임이 대폭 줄어들면서 사람들을 만나는 것보다 혼자 있는 시간에 자기계발에 적극 나서고 있는 것으로 나타났다. 자기계발은 어느 시대나 꾸준히 이어져온 개인의 욕구이지만 코로나로 인해 외부 활동이 제한되면서 관심이 더욱 커지고 있는 것으로 보인다.

　자기계발에 나서는 이유는 개인의 발전이나 조직 내에서의 승진처럼 어느 시대나 있었던 전통적인 요인들이 주를 이루었으나 미래에 대해 느끼는 불안감이 커지면서 자기계발에 대한 욕구도 더욱 상승한 것으로 추측됐다. 코로나가 방아쇠 역할을 하면서 자기계발에 대한 관심도가 점점 확대되고 있다.

고객을 대상으로 한 설문조사 결과를 보면 코로나 이후 자존감이 떨어진다는 응답이 상당히 많았다. 그밖에도 시간이 어떻게 가는지 모르겠다, 우울하다 등의 반응도 많이 등장했는데 코로나로 인한 우울증을 극복하고 비대면 상황 속에서 사소한 것이라도 자기계발에 도움이 될 수 있는 활동을 찾아보려는 노력이 이어졌다.

루틴 기능 관리하는 새로운 서비스의 가능성

운동과 건강, 취미생활이 자기계발의 주요 활동으로 나타난 가운데 경제적 자유를 위한 재테크 활동이 증가했으며 자기계발 관련 주요 키워드의 변화도 눈에 띄었다.

코로나 이전만 해도 공부, 독서, 운동, 습관, 다이어트, 건강 등의 키워드가 주류를 차지했으나 코로나 이후 '미라클모닝, 경제적 자유, 파이어족, 챌린지, 루틴' 등의 단어가 새롭게 등장했다. 달라진 관심사를 보여주는 용어들이다.

예를 들어 '미라클모닝'의 경우 아침시간 활용을 강조한 키워드로 단순히 아침 일찍 일어나서 부지런하게 활동하자는 뜻보다는 의미 없이 흘러가는 시간을 꽉 잡고 놓아주지 말자는 의미가 담겨 있다.

과거와 비교할 때 가장 크게 달라진 자기계발 활동의 포인트는 일시적이 아니라 규칙적이라는 점이다. 규칙적인 자기계발 활동과 관련해서 주목을 받고 있는 키워드가 바로 '루틴'이다.

스스로 매일매일 실행하는 루틴을 만들고 디지털을 적극 활용해서 소통하고 공유함으로써 자기계발의 지속적 동기 확보를 위한 인증 및 챌린지 등 소셜 활동을 강화하고 있다.

이러한 자기계발 트렌드 속에서 '오운완_{오늘운동완료}'이나 '오하독_{오늘하루독서}' 같은 용어들도 생겨났다. 성실하게 운동이나 독서를 하고 소셜미디어 상에서 그것을 공유함으로써 확인을 받고 새로운 동력을 얻는 것이다.

루틴 기능을 관리하고 고도화하는 아이디어를 가진 앱이나 AI와 연동한 캘린더 기능을 통해서 일상의 시간을 체계적으로 관리하는 코칭 서비스, 목표 달성 과정을 공유하고 소통하는 플랫폼 등 달라진 자기계발 트렌드에서 새로운 기회 요인을 찾고 있다.

최신 앱에서
고객 트렌드를 읽다

12

급상승하는 7개 앱을 분석하다

모바일 전화 앱인 'T전화', 지도 서비스인 'T맵,' 음원 서비스인 '플로', OTT 서비스인 '웨이브' 등은 SK텔레콤과 관련된 앱 서비스이다. 이미 관련 분야에서 대표적인 앱으로 인정받고 있다. 그밖에도 SK텔레콤과 ICT 패밀리사가 운영하고 있는 앱이 100개가 훌쩍 넘는다.

앱 서비스 시장은 SK텔레콤이 그동안 해왔던 이동통신시장보다 훨씬 변화가 빠른 시장이다. 갑자기 새로운 앱이 부상하기도 하고 많이 사용하던 앱이 한순간 사라지기도 한다. 모바일 시대에 앱 서비스는 그 시대의 트렌드를 보여주는 거울이기도 하다. 앱 서비스의 트렌드 변화를 보면 기존 서비스에 대한 고객들의 불만은 물론, 새로운 고객경험에 대한 니즈를 읽을 수 있다. 이런 특성 때문에 모바일 시장에서 뜨고 있는 앱의 사용 트렌드에도 민감한 관심을 가질 수밖에 없다.

SK텔레콤은 온라인 리서치 업체인 엠브레인을 통해 8만 명의 모바일 사용자 빅데이터를 분석해서 급부상하고 있는 앱에 대해서 알아봤다.

금융, 통신, 멤버십 앱 등 사용자의 취향이나 기호와 관계없이 필수적으로 설치할 수밖에 없는 일부 분야를 제외한 후 4개 카테고리에서 7개의 급상승하고 있는 앱을 선정하고, 그 앱들의 성공요인을 통해서 시장의 트렌드 변화를 찾아봤다.

첫 번째로 주목한 앱은 라이브 커머스 앱인 '그립Grip'이다. 그립은 판매자가 직접 라이브 방송을 진행하거나 숏폼 형태의 영상을 제작해 제품을 판매할 수 있도록 만든 앱이다. 마치 홈쇼핑 방송을 1인 방송국 형태로 만든 것과 같다.

판매자가 직접 방송을 진행하기 때문에 구매자와 자유로운 실시간 질문과 답변이 가능하고, 제품을 제작해 포장하는 과정 등을 실시간으로 지켜볼 수 있어서 판매자에 대한 신뢰도도 높다. 코로나 팬데믹과 함께 급성장하기 시작했으며 앱 설치와 이용자 수면에서 수직에 가까운 폭발적인 급상승 그래프를 그리고 있다.

다음으로 '와이드Wyd'는 구매자가 다시 판매자가 되도록 그 역할이 바뀌는 앱이다. 어떤 상품을 구매한 고객이 상품을 이용해보고 난 후 직접 제작한 리뷰 영상을 올리면 그 리뷰를 통해 다시 판매가 이루어지도록 한 것이다. 새로운 고객 입장에서는 판매자가 전달하는 일방적인 상품 설명이 아닌, 직접 구매해서 사용해본 다른 고객의 생생한 후기를 영상으로 본 후 구매를 결정할 수 있기 때문에 제품에 대해서 보다 객관적이고 정확한 정보를 얻을 수 있는 것이 장점이다.

리뷰 영상을 올린 구매자는 적립금 뿐 아니라 해당 영상을 통해 판매가 이루어질 경우 수수료까지 지급받을 수 있다. 고객이 적극적인 리뷰 콘텐츠 크리에이터가 되면서 판매자 역할까지 하게 되는 선순환이 이뤄진다. 이용자 수는 아직 많지 않지만 적극적인 설치자 수가 크게 늘고 있는 앱이다.

헬스케어 분야에서 뜨고 있는 '하우핏Howfit'은 요즘 인기를 끌고 있는 온라인 홈트 앱으로 자세 교정까지 해주는 것이 특징이다. 전문 트레이너가 운동 콘텐츠를 업로드하거나 라이브 방송을 진행하면 이용자는 트레이너와 본인의 모습을 비교해가면서 운동을 할 수 있다. 특히 실시간으로 동작 인식 AI를 통해 자세를 분석해주고 교정해 화면에 표시한다. 트레이너는 콘텐츠 업로드를 통해 수익을 창출하고 고객은 광고 시청 후 콘텐츠를 무료로 활용할 수 있는 것이 특징이다. 코로나 팬데믹 상황 속에서 급속하게 뜬 앱 중 하나다.

소셜 네트워크 앱인 '비리얼BeReal'은 프랑스에서 개발된 앱으로 자신의 실생활을 친구나 지인과 공유하는 SNS 플랫폼이다. 하루 한 번 랜덤으로 알림이 오면 2분 안에 무방비 상태의 순간을 찍어서 올릴 수 있으며 하루에 한 번, 한 장씩만 사진을 올릴 수 있다. 비리얼은 페이스북이나 인스타그램 등 기존의 SNS들이 현실과 거리가 먼 연출된 사진이나 광고사진으로 도배되고 있는 것에 대한 피로감을 느낀 기존 SNS 사용자들이 대거 이동하면서 새로 뜨고 있는 앱이다. 연출된 가짜 모습이 아니라 생생한 진짜 모습을 보여준다는 것이 특징이다.

또 다른 소셜 네트워크 앱인 '위버스Weverse'는 아티스트와 소통하고 일상을 함께 할 수 있는 일종의 팬덤 플랫폼이다. 자신이 관심을 갖고 있는 아티스트의 실시간 스케줄을 확인하고 라이브 영상이나 뮤직비디오 같은 콘텐츠를 시청하거나 팬 커뮤니티 소통 목적으로 이용한다.

콘서트와 팬 미팅 예매 및 굿즈 판매까지 할 수 있는 종합 플랫폼으로 자신이 좋아하는 아티스트를 앱 형태로 유지하게 되는 셈이다. 팬과 아티스트의 애착 관계, 팬 커뮤니티의 집단 영향력이 강해지며 플랫폼이 진화하고 성장할 것으로 전망되고 있다.

소셜 네트워크 분야에서 새롭게 주목받고 있는 또 다른 앱은 '디스코드Discord'다. 디스코드는 주제 기반의 음성 소통 플랫폼으로 화상회의 채팅, 화면공유 등 다양한 기능을 제공한다. 초기에는 게이머를 겨냥한 앱으로 출발했지만 코로나 이후 범용 메신저로 확장 중이다. 게임을 하며 익숙해진 커뮤니케이션 형태가 확장된 개념이라고 볼 수 있다.

본인 확인을 요구하는 다른 SNS와 달리 익명을 바탕으로 다양한 주제의 커뮤니티에서 현실과 또 다른 아이덴티티로 더욱 자유롭게 소통할 수 있다는 것이 장점이다.

한정판 상품이나 인기 상품 등 희소성 있는 상품을 구매한 다음 되파는 '리셀Resell' 시장이 인기를 얻으면서 리셀 전문 앱인 '크림KREAM'도 주목받고 있다. 크림은 짝퉁 감별사가 있는 리셀 플랫폼으로 한정판 상품 거래에 특화된 중개 플랫폼이다. 제품 특성상 철저한 진품 검증이 필요함에 따라 자체적으로 정품과 가품을 구분할 수 있는 검수센터를 두고 신뢰성을 구축했다. 경쟁사인 무신사 솔드아웃과의 가품 논란에서 승리하면서 리셀 마켓에서 독주하고 있다.

인기 있는 앱의 공통점

SK텔레콤은 분야도 다르고 특징도 다르지만 최근 급부상하고 있는 앱을 분석하면서 그들이 갖고 있는 공통적인 특징들을 찾아내고 고객의 변화에 미리 대비하고자 했다.

급부상하고 있는 앱의 첫 번째 특징은 플랫폼이 독점하던 이익을 사용자에게 돌려주고 있다는 점이다. 과거 거대 플랫폼 사업자는 서비스 이용자의 데이터를 적극적으로 수집하고 활용해 창출하는 수익의 대부분을 독식하며 성장했다. 하지만 요즘 인기를 끌고 있는 앱들을 보면 플랫폼의 개입을 최소한으로 줄이고 개인으로서의 공급자와 사용자가 직접 소통해 가치를 창출할 수 있는 새로운 생태계를 조성하고 있음을 알 수 있다.

둘째는 안전한 '참TRUE'의 시대로 진실성과 신뢰성, 보안성을 중요시하고 있다는 점이다. 진짜 같은 가짜 속에서 진짜를 찾아주는 '크림'이나 현재의 진실한 순간을 공유하는 '비리얼', 가상공간에서 또 다른 나를 통해 솔직하고 자유로운 네트워킹을 할 수 있도록 하는 '디스코드'의 공통점이기도 하다.

거대 플랫폼 기업의 정보유출 사고, 활자, 사진, 동영상으로 제공되는 가짜 뉴스에 대한 반발과 현실과 비현실을 혼동하고 진실과 거짓을 구분해내기 어려운 사용자에게 진실성, 신뢰성, 보안성이 매우 중요한 가치로 부상했다.

셋째는 상품이나 서비스가 아닌 커뮤니티에 집중하고 있다는 점이다. 아티스트 팬덤 및 지역에 기반한 앱을 관찰해보면 점차 커뮤니티의 중요성이 커지는 것을 느낄 수 있다. 커뮤니티 참여자들은 프로젝트 콘텐츠의 의사결정에도 직접 참여하고 커뮤니티의 규모를 점차 키워가고 있다.

이렇게 급부상하고 있는 앱을 통해서 구글, 페이스북, 인스타그램으로 대표되는 거대 플랫폼 세상에서 균열이 발생하기 시작하고 있음을 느낄 수 있다. 이것은 플랫폼 기업의 수익 독식 구조에 대한 불만, 이용자 데이터 남용과 프라이버시 침해 문제, 서비스 운영에서 이용자를 배제하는 성향, 이용자 데이터 학습·분석 기술의 급속한 발전에서 비롯된 것이다.

앱에도 '세대 차이'가 있다

앱 서비스가 다양화되면서 세대별로 즐겨 사용하는 앱도 차이를 보이고 있다. 그야말로 앱에 따른 세대차이가 존재하는 것이다. 모바일 앱 서비스가 처음 등장했던 초창기만 해도 특정 기능을 가진 앱이 하나 등장하면 전 국민이 모두 사용하는 '국민앱' 같은 형태로 발전하는 경우가 많았다. 카카오톡이 대표적이다. 그밖에 네이버지도나 T맵, 카카오지도, 구글맵 같은 지도 앱들의 경우 전 세대를 통틀어서 모두 사용하는 앱이다.

하지만 최근에는 Z세대 이하의 어린세대의 경우, 기성세대가 사용하는 앱을 사용하지 않거나 자신들끼리 사용할 때는 다른 앱을 사용하는 경우가 늘고 있다. 일례로 음원 서비스의 경우 멜론이 전 세대에서 두루 사용되고 있으나, Z세대와 밀레니얼세대의 경우는 노래방 앱과 개인 음악방송을 이용하는 비중이 더 높다.

음원 서비스를 이용하는 방식에서도 세대 간 차이가 크게 났다. MZ세대의 경우 정기 과금 형태의 구독 서비스를 주로 이용하면서 음원 파일을 소유하기보다는 스트리밍 형태로 듣는 것을 선호하는 반면, X세대 및 베이비붐세대는 비용 지불에 보수적인 성향을 보여주면서 무료 서비스를 선호했고 특히 베이비붐세대는 음원을 소유하고자 하는 모습이 강해 개별 곡 구매 및 별도 다운로드에 대한 니즈가 강했다.

음악을 듣는 방식도 달랐는데 Z세대는 음악을 들을 수 있는 상황이라면 시간이나 장소를 가리지 않고 언제 어디서나 수시로 음원서비스를 이용하지만, 밀레니얼세대와 X세대는 출퇴근 등 이동 중에 주로 음악을 듣는 것으로 나타났다. 베이비붐세대는 휴식 상황에 집중적으로 음원 서비스를 이용하고 있었다.

OTT 서비스 이용 방식에 있어서도 세대 간 차이는 뚜렷했다. 전 세대 공통으로 OTT 서비스를 많이 이용했지만 베이비붐세대의 경우 여전히 TV를 통한 본방 시청 니즈가 강한 편이었으며 아직 TV로 방송을 시청하는 것을 자연스럽게 인식하고 있었다. 반면 MZ세대의 경우 본방 시청은 물론 TV 시청에 대한 니즈도 상대적으로 작은 편인 것으로 나타났다.

앱 이용 행태를 분석한 결과, Z세대에서 높은 이용률을 보이는 앱의 경우 시차를 두고 밀레니얼세대와 X세대로 전이되는 경향이 나타났다. Z세대의 앱 사용행태를 보면 곧 밀레니얼세대와 X세대의 앱 이용 트렌드를 예측할 수 있을 것이다. MZ세대를 넘어 Z세대를 주목해야만 하는 이유이다.

나만의 개성 넘치는 UGC로 영상 컬러링 만든다

SK텔레콤이 홍대 거리에서 운영 중인 국내 최고 수준의 ICT 멀티플렉스 'T팩토리 T Factory'에 보이는 컬러링 서비스 'V컬러링' 영상을 촬영할 수 있는 V스튜디오를 개관했다.

V스튜디오는 T팩토리 내의 별도 공간에 방문 고객이 직접 UGC User Generated Contents 영상을 촬영해 SNS에 업로드하거나 V컬러링 영상으로 활용할 수 있는 서비스를 제공하는 기능을 갖추고 있다.

영상 촬영과 UGC 제작을 원하는 고객은 누구나 T팩토리의 V스튜디오를 이용할 수 있다. 방문 고객은 심리테스트와 뇌파집중도 측정을 통해 본인 성향에 따른 맞춤형 숏폼 영상 스타일을 추천받고 영상 촬영, 편집 등을 통해 UGC를 직접 제작해 V컬러링과 SNS에 업로드할 수 있다.

이와 함께 V스튜디오 이용 고객에게는 T팩토리에서 즉석으로 인쇄한 얼굴 하관 마스크를 선물로 제공한다. 아울러, V스튜디오에서 UGC 영상을 제작하고 V컬러링과 SNS 업로딩을 통해 체험을 완료하면 V컬러링 콘텐츠 할인권을 디지털 쿠폰으로 제공받을 수도 있다.

V스튜디오에서 고객이 V컬러링 영상 콘텐츠를 직접 제작하는 것은 물론, 인플루언서와 숏폼 영상 크리에이터에게 멘토링 받을 수 있는 이벤트도 펼치는 등 색다른 경험을 제공할 것으로 기대하고 있다.

T팩토리는 매월 기술, 서비스, 문화가 접목된 컨텐츠를 운영하면서 MZ세대와 소통하며 홍대의 랜드마크로 자리매김하고 있다.

트렌드 변화에 '촉수'를 세우다

13

2023년을 준비하는 8개 트렌드

트렌드에 민감한 기업답게 SK텔레콤은 2023년을 앞두고 새롭게 화두가 되고 있는 트렌드 파악에 들어갔다.

김난도 교수의 〈트렌드 코리아 2023〉을 비롯해서 트렌드 분야 베스트셀러를 통해 키워드를 분석하고 서울대 소비트렌드분석센터의 전미영 박사, 마이크로밀 엠브레인의 윤덕환 이사, 대학내일 미디어센터의 홍승우 센터장 등 관련 분야 전문가들을 직접 찾아가 심층 인터뷰를 하고 조언을 들었다.

이렇게 해서 SK텔레콤의 비즈니스와 연관된 2023년 주요 트렌드를 8개로 압축하고 사내에 공유했다.

🔴 트렌드 1. 목적형 관계 맺기

　SK텔레콤이 첫 번째로 꼽은 트렌드는 '목적형 관계 맺기'이다. 요즘 사람들의 관계는 예전과 많이 달라졌다. 특히 MZ세대들의 경우 학연이나 지연과 같은 과거의 인간관계에 더 이상 얽매이지 않는다. 동네나 학교, 직장이 아니라 자신의 목적에 따라 인간관계를 만들고 분류하고 관리한다.

　친구라도 모두 똑같은 친구가 아니다. 페이스북 친구인 '페친', 인스타그램 친구인 '인친', 트위터 맞팔 관계인 '트친', 인터넷상이 아닌 실제 친구인 '실친', 그리고 취향에 맞는 콘셉트 세계관 속 친구인 '컨셉친' 등이 있다. 이렇게 인덱스를 붙여서 관리되는 형태의 친구 관계를 '인덱스INDEX 관계'라고 한다. 이것은 〈트렌드 코리아 2023〉에서 새로운 키워드로 꼽은 개념 중 하나이기도 하다.

　인간관계의 시작이 학교나 출신지 등 귀속적 대상에서 같은 취향과 관심사 중심으로 변화하고 있음을 의미한다. 많은 MZ세대들이 자신의 취향을 이해하지 못하는 실제 친구보다 가치관이 비슷하거나 좋아하는 것을 공유하는 '인친'이나 '트친'이 낫다는 사고방식을 갖고 있다는 것은 더 이상 놀랄 일이 아니다.

　관계의 깊이나 밀도보다 스펙트럼이 중요하고 인덱스별, SNS별로 인간관계를 분류한다. 달라진 관계의 트렌드를 보여주는 것

중 하나가 '카카오톡'의 멀티프로필이다. 다양한 인덱스 관계에 따라 프로필을 달리할 수 있는 기능인데 요즘 이 기능을 모르면 '꼰대' 소리 듣기 딱 좋다.

😀 트렌드 2. 갓생GOD生 살기

두 번째 트렌드는 '갓생GOD生 살기'이다. 삶의 방식도 시간의 흐름에 따라 바뀐다. 불과 몇 년 전까지만 해도 '욜로YOLO'로 대표되는 여유로운 삶이 시대를 대변해왔다. 욜로란 'You Only Live Once'의 앞 글자를 따서 만든 신조어로 '인생은 한 번 뿐이니 후회 없이 이 순간을 즐기며 살자'는 의미이다. 너무 빠듯하게 살기보다는 여유를 갖고 인생을 즐기면서 산다는 가치가 우리 사회에 팽배했었다.

하지만 불안한 사회 환경은 욜로의 여유를 그대로 두지 않았다. 빡빡해진 삶 속에서 순간을 즐길 여유를 찾기 힘든 사람들은 '욜로' 대신 '갓생'의 삶을 추구하고 있다. '갓생'이란 신을 의미하는 'GOD'와 인생을 의미하는 '생'의 합성어로 부지런하고 타의 모범이 되는 삶을 의미한다. 불확실한 미래에 대한 계획이나 거창한 자기계발이 아닌, 오늘 하루 성취할 수 있는 아주 작은 루틴을 만들고 그것을 실천하는 것이 핵심이다. 작고 소소한 성취를 통해 자존감과 성취감을 확보하며 이를 습관 공동체와 소셜미디어에 내용을 공유하고 인증하는 것이 특징이다.

트렌드 3. 노동파편화

세 번째 트렌드는 '노동파편화'이다. 필요 시점에만 일을 맡기고 구하는 온 디맨드_{On Demand} 노동이 보편화되고 있다. 직장이 자신의 평생을 보장해줄 수 없다는 인식을 바탕으로 본업 외에 경제 활동을 하며 실속을 챙기는 'N잡'이 일상화됐다.

원하는 시기, 사람, 장소에 맞춰 일을 할 수 있도록 노동이나 재능을 거래하는 숨고나 크몽, 원티드긱스 등의 앱이 인기를 끌고 있는 것도 이러한 트렌드를 반영하고 있다. 초단기근로자를 의미하는 '긱워커'와 '긱이코노미'가 일상화되고 있으며 여러 개의 직업을 가진 'N잡러'와 본업을 그만두지 않으면서 부업으로 돈을 버는 '사이드 프로젝트'에 대한 관심도 높아지고 있다.

트렌드 4. 프로이직러

네 번째 트렌드는 '프로이직러'이다. 평생직장이라는 말이 옛말이 된지는 이미 오래다. 보다 나은 조건을 향한 이직 열풍이 거세다. 직장인들이 익명으로 정보를 나누는 사이트인 '블라인드'를 비롯한 다양한 플랫폼을 통해 기업의 실제 임금, 문화, 구조 등이 공유되며 더 이상 비밀이 없는 세상이 되었고 정보 접근 문턱이 낮아져 새로운 직장에 대한 정보도 쉽게 얻을 수 있게 되었다.

여기에 재택근무의 증가로 눈치 보지 않는 이직 준비 여건을 확보할 수 있게 되었으며 연봉이나 직위 등 더 나은 조건을 향한 이직이 곧 능력으로 평가받는 시대가 되었다. 과거에는 직장을 자주 옮기는 것이 부정적으로 평가되는 시기도 있었으나 이직에 대한 관심이 공론화되고 당연하게 여겨지면서 이직도 능력으로 평가되는 시대가 되었다. 취준생들이 입사하자마자 이직을 준비한다고 해서 '이준생'이라는 유행어가 생겨날 정도다.

트렌드 5. 창의적인 AI

다섯 번째 트렌드는 '창의적인 AI'이다. 산업 분야에 접목되기 시작한 AI가 그동안 성역으로 인식되어 온 예술 등 인간의 창작 영역을 침공하고 있다. 인간만이 할 수 있다고 여겨진 창작 활동이 AI기술로 구현되고 있다. 키워드를 넣으며 광고카피를 제작하는 AI가 등장하는가 하면, 2시간 만에 방대한 논문을 작성해주는 AI도 등장했다. 영국 아일랜드에서는 AI가 만든 창작물의 저작권이 논란이 되고 있다. 최근 등장한 챗GPT도 AI 시대의 뜨거운 논쟁거리가 되고 있다.

🔴 트렌드 6. 무인無人시대

　여섯 번째 트렌드는 '무인無人'시대이다. 무인시대는 피할 수 없는 미래이며 이미 우리 삶에 성큼 다가와 있다. 구인난, 인건비 상승, 고물가 문제는 단기간에 해결될 수 없는 영역이기 때문에 인력을 대체하는 무인에 대한 니즈는 앞으로도 지속적으로 강화될 전망이다. 이미 패스트푸드점이나 식당 등에서는 사람 대신 키오스크가 주문을 받고 있고, 무인 아이스크림 매장, 무인 편의점, 무인 카페까지 등장했다. 비대면을 선호하는 MZ세대 행태가 이를 더욱 가속화시킬 것으로 보인다. 다양한 세대, 상황, 목적별 키오스크의 등장과 서빙 로봇의 진화도 예상되고 있다.

🔴 트렌드 7. 초극단 소비

　일곱 번째 트렌드는 '초극단 소비'이다. 전통적인 소비행태로는 이해할 수 없는 새로운 소비행태가 등장했다. 평소엔 가성비를 추구하면서 저렴하고 성능 좋은 제품을 선호하지만 자신이 추구하는 가치와 맞는 부분에 대해서는 과감한 소비를 보여주는 극과 극을 오가는 소비가 새로운 트렌드가 되고 있다. 점심으로는 라면을 먹으면서도 자신이 좋아하는 브랜드의 신제품이 출시되면 수십 만 원이라도 선뜻 구매하는 식이다.

별로 중요하지 않은 부분에 대해서는 극도로 절약하는 모습을 보이지만 자신이 좋아하는 것에 대해서는 거금을 투자하는 것을 아까워하지 않는다. 대형마트의 저가상품 열풍, 소량, 공동구매를 통한 알뜰하고 효율적인 소비, 여기에 아예 소비를 전혀 하지 않는 '무지출 챌린지'에 이르기까지 극단적으로 소비를 줄이면서도 다른 한편으로는 소득 수준이나 가격에 상관없이 초고가 명품을 거리낌 없이 구매하는 소비행태를 보여주고 있다.

2030세대를 중심으로 "명품은 오늘이 제일 싸다"는 구호 아래 온라인 명품 플랫폼이 인기를 끌고 있고, 문을 열자마자 달려가는 '오픈런', 산 제품을 다시 되파는 '리셀resell' 시장도 동시에 성장하고 있다. 이 두 가지 극단적 소비가 각기 다른 사람에 의해 이루어지는 것이 아니라 한 사람을 통해서 이루어진다는 것이 놀라운 일이다.

트렌드 8. ESG에 진심

마지막 여덟 번째 트렌드는 'ESG에 대한 진심'이다. 소비자들의 ESG에 대한 인식 확산으로 위장 환경주의나 가짜 환경주의에 대한 경계심이 생겨난 것이 그 배경이 됐다. 생색용 친환경보다는 진짜로 환경을 생각하는 '찐환경' 소비가 대세가 되고 있다.

한 화장품 회사는 플라스틱 용기 겉면에 종이 포장을 씌운 뒤에 친환경 용기라고 홍보했다가 그 속을 열어본 소비자들로부터 큰 비난을 받았다. 겉으로 드러나는 부분만 환경으로 포장을 한 위장 환경주의의 사례라고 할 수 있다. 이제 이런 무늬만 환경주의가 더 이상 통하지 않는 시대가 됐다.

SK텔레콤은 고객을 대상으로 ESG에 대한 인식 조사를 실시한 바 있다. 그 결과, 고객들은 예상보다 훨씬 ESG에 대해서 잘 알고 있었다. 3명 중 2명이 ESG에 대해서 들어보고 개념 정도는 알고 있다고 대답했고, 기업의 ESG 활동에 영향을 받아 제품이나 서비스를 구매한 경험이 76.1%나 되는 것으로 나타났다. 이미 ESG가 고객의 구매의사 결정에 영향을 미치는 고려 요소로 자리 잡고 있음을 의미하는 결과다. 35%가 넘는 고객이 가격이 비싸더라도 해당 기업의 제품을 구매할 것이라고 응답했으며 막연히 구매 여부만을 이야기한 것이 아니라 제품 및 서비스의 금액대별 구체적 추가 지불 의향까지 밝혔다.

제품 가격대가 올라갈수록 추가 지불 의향이 줄어들긴 했지만, 동일한 제품·서비스 가격 기준에서는 ESG 활동을 더 잘하는 기업에 대해서 추가 지불 의향이 있다는 고객들이 많았다. 반대로 ESG 측면에 문제가 있는 기업의 제품이나 서비스에 대해서는

60% 가까운 고객이 아예 구매하지 않고 배제하겠다고 응답하여 보다 적극적인 방어 자세를 보였다.

고객들은 기업의 ESG 활동에 대해서도 냉정한 기준을 내세웠다. 기업의 이윤과 상관없이 사회적 책임을 다하는 모습을 보여야 하며 가장 중요한 것은 '지속가능성'이라고 응답했다. 한두 번 이벤트처럼 할 거면 차라리 안 하는 것이 낫다는 강력한 의견을 피력했다. 진정성 없이 구색 맞추기이거나 제품이나 서비스를 홍보하기 위한 수단으로 ESG 활동을 하는 것은 문제가 있다고 보고 있다. 특히 환경보호 행사를 하면서 기업 홍보용 플라스틱 기념품을 제공하는 경우도 있는데 일관성이 없고 모순된 행동이라고 지적했다.

그밖에 선행을 베푼 착한 치킨집에 '돈쭐'을 내주겠다면서 달려가 치킨 구매로 보답하는 가치 소비의 확산도 달라진 트렌드 중 하나다. 소비 행위에 개인의 신념이나 가치관을 드러내놓고 표출한다고 해서 '미닝 아웃 Meaning Out'이라는 개념으로도 불리고 있다.

고객과 시장을 위한 연구는 계속된다

SK텔레콤이 오랫동안 높은 수준의 고객만족도를 유지해 올 수 있었던 이유는 이처럼 시시각각 변화하는 트렌드를 신속하게 파악하는데서 찾을 수 있다.

  고객을 취향이나 생각, 습관 등으로 더욱 세분화하여 연구함으로써 고객이 필요로 하기 전에 먼저 선제적으로 새로운 서비스를 제공하고 있는 것이다. 1등 기업이지만 이에 안주하지 않고 가장 빨리 움직이고, 가장 빨리 변화에 적응하고 있다. 지금 이 순간에도 SK텔레콤의 고객과 시장을 위한 연구는 계속되고 있다.

> 책속의 책

SK텔레콤 고객가치혁신에 대한 몇 가지 질문

Question 1 고객경험관리 도입의 배경은?
고객만족도를 고민하다

Question 2 고객경험관리의 도입 과정은?
글로벌 기업 목표로 해외 벤치마킹 추진

Question 3 고객경험관리 실행 프로세스는?
고객과 만나는 '터치포인트'를 개선하다

Question 4 고객경험관리의 측정과 평가는?
고객이 체감하는 기대가치를 높이다

Question 5 조직 구성원들을 위한 변화관리는?
사내외 커뮤니케이션 강화로 공감대 형성

Question 1
고객경험관리 도입의 배경은?
고객만족도를 고민하다

CS에서 CV거쳐 CEM으로

SK텔레콤이 'CS고객만족'에서 'CV고객가치'로 업그레이드 된 고객중심경영을 기업 활동의 전면에 내세우기 시작한 것은 1997년 한국이동통신에서 SK텔레콤으로 상호를 바꾸고 새로 출발하면서부터다. 고객중심경영은 그때부터 SK텔레콤의 핵심적인 기업 활동의 하나가 됐다. 고객중심경영이 효과를 거두면서 고객만족도 평가 점수도 매년 가파르게 상승했다.

2000년대 후반으로 접어들면서 국내 이동통신 시장은 스마트폰 도입으로 인해 시장 환경의 급격한 변화를 맞이했으며 고객의 경험도 드라마틱하게 변했다. 고객들은 과거에 전혀 경험해보지 못하고 상상해보지 못했던 세계를 접하게 되었다.

그것은 기업 입장에서도 마찬가지였다. 기업에게는 새로운 기회이기도 했다. 고객에게 어떤 경험을 전해주느냐에 따라서 새로운 기회를 잡을 수도 있고 잡지 못할 수도 있는 상황이었다.

스마트폰 도입으로 인해 자연스럽게 고객의 휴대전화 사용 패턴도 변화했다. 휴대전화를 과거와 전혀 다른 도구로 탈바꿈시켰다. 스마트폰 도입 전 음성통화와 문자, 데이터의 사용 비율이 80대 15대 5 정도로 음성통화 비중이 80%에 달했으나 스마트폰 도입 후 이 비율이 4대 6대 90으로 완전히 바뀌었다.

음성통화 발신량은 비슷한 수준이었지만 데이터 사용량의 급증으로 인해 고객들의 사용 패턴이 달라진 것이다. 휴대전화는 이제 전화 통화를 하는 도구에서 인터넷을 사용하고, 모르는 길을 찾아내고, 금융 서비스를 자유롭게 이용하는 등 만능 도구로 바뀌었다.

반면 경쟁 환경은 더욱 치열해졌다. 2009년 이동전화 시장 보급률이 100%를 넘어서면서 '1인 1휴대폰' 시대가 오자 신규 시장이 포화되면서 새로운 '고객'을 찾는 것이 매우 힘든 상황이 됐고 이어서 번호이동제도가 도입되면서 통신사 간 장벽도 매우 낮아졌다. 지속적인 이동통신 기술의 발전과 안정화로 인해 통화품질은 평준화되었으며 이동통신 업체들이 통화품질을 무기로 차별화를 꾀하기 어려운 상황이 되었다. 통신사 이동에 대한 거부감도 크게 완화됐다.

이동통신 통합번호제도의 도입은 특히 선두 기업에게 가장 큰 타격을 주었다. 모든 이동통신사가 회사 구분 없이 '010' 번호를 사용하게 되면서 브랜드 마케팅 차원에서도 변화가 불가피해졌다.

SK텔레콤의 경우 1등 브랜드로서 '011' 번호에 대한 프리미엄이 있었지만 통합번호제도로 인해 하루아침에 차별화된 경쟁 요소 하나를 빼앗긴 셈이 됐다.

이동통신 기술의 발전으로 어떤 이동통신사의 서비스를 이용해도 통화품질이나 서비스 측면에서 큰 차이를 느낄 수 없었으며 마케팅 차원의 차별화도 매우 어려워진 상황이었다.

여기에 이동통신 시장 2위 회사였던 KTF가 모기업인 KT와 합병함으로써 유무선 서비스를 동시에 제공하는 강력한 경쟁자로 부상했다. KT는 유무선을 결합한 다양한 결합 상품 출시와 함께 강력한 마케팅으로 대응해왔다. 무선 상품만을 갖고 있던 SK텔레콤은 위기감을 느끼고 발 빠르게 하나로텔레콤을 인수하면서 유무선 통합에 나선 상황이었다.

시장 밖의 상황도 만만치 않았다. 세계 금융위기 등의 여파로 경기 침체가 이어지며 이동통신 서비스에 대한 통신비 부담이 사회 문제로 부각되었고 요금 인하 압박도 심화됐다. 이런 위기상황을 타개하고 1등 기업으로서 외부 변수에 흔들리지 않는 시장 리더십을 공고히 하기 위해서 새롭게 등장한 개념이 바로 '고객경험관리' 즉 CEM[Customer Experience Management]이었다.

Question 2
고객경험관리의 도입 과정은?
글로벌 기업 목표로 해외 벤치마킹 추진

고객의 긍정적인 경험을 만들고 관리하다

SK텔레콤은 '고객가치$_{CV}$'를 거쳐 2008년부터 '고객경험관리$_{CEM,\ Customer\ Experience\ Management}$'라는 개념을 새롭게 도입했다.

고객에게 높은 가치를 제공하는 것을 넘어서 구체적이고 직접적으로 고객의 긍정적인 경험을 만들고 관리하겠다는 의지의 표현이었다.

CEM은 미국 콜롬비아대학 마케팅 교수인 버나드 슈미츠가 2003년 처음 제시한 개념으로, 2007년 하버드 비즈니스 리뷰에서 CEM을 최신 고객가치 증대 경영기법으로 평가하기도 했다.

당시 글로벌 기업인 AT&T, HP, O2, 인텔, 나이키, 크리스피 크림 도넛, 힐튼호텔, 스타벅스 등이 CEM을 성공적으로 도입한 상태였지만, 당시까지 국내에는 성공적인 도입 사례를 찾기 어려웠다. 이에 SK텔레콤은 글로벌 기업들의 사례에 관심을 가졌다. 우수 CEM 사례를 벤치마킹하면서 영국의 이동통신기업 O2의 성공 사례를 눈여겨보게 됐다.

O2는 2004년 시장점유율 3위의 기업이었으나 전사적인 전략 방향으로 CEM을 도입한 후 꾸준한 성장을 거듭하며 2008년 시장점유율, 매출, CSI 등 전 분야에서 1위를 차지하는 놀라운 성과를 거두고 있는 모습이 눈에 들어왔다.

CEM의 가능성과 영향을 현실에서 구체적으로 보여준 사례였기 때문에 SK텔레콤에서도 관심을 갖지 않을 수 없었다. 영국 현지 방문을 통해 CEM 추진 체계를 공유하고 담당 임원을 한국으로 초청해 직원들을 대상으로 강의와 설명회를 갖기도 했다.

O2가 추진하고 있던 요금제 간소화 정책과 직영 유통망 강화, 고객센터의 서비스 품질 제고 등을 벤치마킹하며 적용 방안을 검토했다.

고객중심경영이나 고객으로부터의 혁신과 같은 개념이 완전히 새로운 것은 아니다. 많은 기업의 고객 담당 부서에서 흔히 나오는 이야기이기도 하다. 하지만 그 말들이 듣기 좋은 구호나 슬로건으로 그치는 경우가 많다. 하지만 SK텔레콤은 구호나 슬로건으로 존재했던 그 개념을 현실에서 구체적으로 구현해 나갔다. 그것이 바로 SK텔레콤의 CEM이다.

'고객경험'이라는 개념을 구체적인 방법론을 갖고 제대로 실행해본 기업은 거의 없다. 물론 그 중에는 일시적으로, 혹은 어떤 특정 시점에서 고객경험관리를 도입했거나 경험했던 기업들도 있을 것이다.

하지만 CEM 도입 후 한 순간도 멈추지 않고 15년 가까이 지속적이고 꾸준하며 전사적으로 추진하고 있는 기업은 국내에서 찾아보기 어렵다.

고객으로부터 시작하는 활동

그렇다면 기존의 CS활동과 CEM은 어떤 차이가 있을까? CS활동이 고객만족활동에 대한 평가를 위한 접점 위주의 활동이자, 이미 만들어져 있는 서비스에 대한 점검의 성격이라면 SK텔레콤이 추진한 CEM은 "고객을 중심으로 고객으로부터 시작되는 새로운 고객만족활동"이라고 요약할 수 있다.

이미 존재하는 서비스를 평가하고 개선하는 것이 아니라 고객이 원하는 서비스를 만들어감으로써 고객에게 긍정적인 경험을 주는 것을 의미한다. 즉 CS가 조직 내부에 의해서 시작되어 외부

고객에게 향하는 활동이라면, CEM은 조직의 외부 세계인 고객으로부터 기업 내부의 조직 구성원으로 향하는 활동을 의미한다. 한마디로 고객으로부터의 혁신이다.

Question 3
고객경험관리 실행 프로세스는?
고객과 만나는 '터치포인트'를 개선하다

CEM의 개념을 정립하다

SK텔레콤은 CEM 도입과 함께 우선 개념 정립에 나섰다. 정립한 CEM 개념은 고객의 진정한 이해를 바탕으로 고객이 경험하는 모든 '터치포인트'에서의 고객경험관리를 통해 기업 내부를 고객중심으로 혁신하여 경영 성과를 극대화하는 것이었다.

CEM은 상품 및 서비스에 대한 고객경험의 체계적 관리 프로세스임과 동시에 기업 내부를 고객중심으로 혁신해가는 전략이다. 이를 위해서 고객과 회사 간의 모든 터치포인트에서 고객경험관리를 통한 경영 성과를 극대화하고, 상품 및 서비스의 탐색에서부터 구매, 사용에 이르는 모든 과정에 대한 분석 및 개선을 통해 긍정적인 고객경험을 창출해 나가고자 했다.

터치포인트에서 KPI까지

고객경험관리를 위한 실행 프로세스를 마련했다. 우선 터치포인트 발굴을 통해서 정보 탐색에서부터 구매, 이용까지 전 과정에서 SK텔레콤을 경험하게 되는 고객 접점 파악에 나섰다.

터치포인트란 고객이 긍정적, 부정적 경험을 통해 신뢰, 불만을 표출하는 기업과 고객 간 접촉지점을 의미한다. 고객과 만나는 모든 순간이라고 할 수 있다.

매장을 찾는 고객에 대해서 생각한다면 매장 문을 열고 들어오는 순간부터 기다리고, 상담하고, 매장 문을 나서는 모든 순간 하나하나가 해당된다. 고객센터에 전화를 걸어 상담을 하게 된다면 전화벨이 울리는 순간부터 연결될 때까지 기다리는 시간, 상담이 끝날 때까지의 모든 순간에 대한 고객경험을 생각할 수 있다.

▼ 고객경험관리(CEM) 실행 프로세스

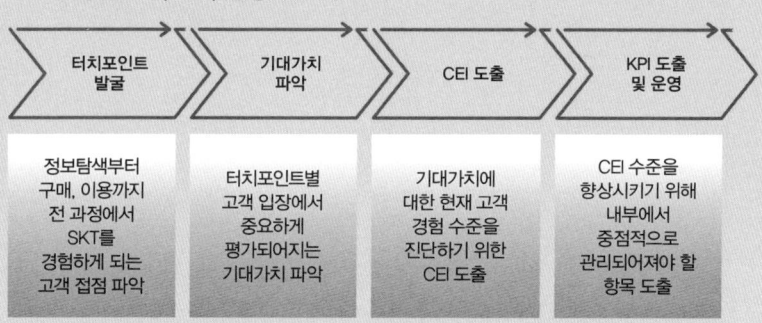

고객과의 심층 인터뷰, 구성원과 접점 직원 인터뷰, 데스크 리서치 등 정성조사를 통해서 주요 터치포인트를 도출했다. 고객과 만나는 터치포인트를 개선한다는 것은 고객의 경험이라는 추상적이고 포괄적인 개념을 좀 더 구체화하는 것을 의미한다. 고객경험이라는 추상적이고 포괄적인 개념을 마치 나사 하나하나까지 낱낱이 분해해서 펼쳐 놓은 셈이었다. 추상적인 개념들이 구체화하니 보이지 않던 것들이 보이게 되었고 조직 구성원 하나하나가 무엇을 해야 할지도 뚜렷하게 알게 되었다.

기대가치란 터치포인트에서 고객이 중요하게 생각하는 이상적인 수준의 기대치를 의미한다. 고객니즈를 발굴하고 발굴한 여러 니즈를 유사성이나 패턴, 공통 특성별로 묶어서 기대가치를 파악했다.

Question 4
고객경험관리의 측정과 평가는?
고객이 체감하는 기대가치를 높이다

CEM 성과 측정

"측정할 수 있어야 개선할 수 있다."

SK텔레콤은 내부성과 목표를 관리함에 있어 고객이 실질적으로 체감하는 기대가치를 충족시키기 위한 실행력을 높이고자 노력했다.

CEM 성과 측정을 위해서는 내부성과지표$_{KPI}$와 외부고객경험지표$_{CEI}$를 동시에 사용하여 목표를 관리함으로써 내부성과에 대한 개선이 고객의 기대수준을 충족하는 수준인지 점검했다.

이처럼 내부성과지표인 KPI가 외부고객경험지표인 CEI의 선행지표로 작용함으로써 KPI가 나빠질 경우 고객경험 수준이 악화되고 있는 것으로 예측할 수 있었다.

할 수 있는 것이 아니라 해야 할 것을 하는 것

과제를 선정하고 추진하는 과정에서도 초기에는 시행착오를 겪었다. 꼭 해야 하는 것이 아니라 각자가 할 수 있는 것을 중심으로 과제를 선정하다보니 고객경험관리라는 방법론의 진정성을 제대로 보여주지 못했다.

고객이 진정으로 원하는 것에 대한 근본적 접근이나 개선 의지가 부족했으며, 그러다보니 현장에서는 기존에 해오던 것처럼 접점 채널의 CS 향상 수준 정도로 인식하는 경우가 많았다.

또한 신뢰 회복이나 자부심 부여 등 추상적 목표 설정에 대해서 조직 구성원들이 제대로 이해하지 못했고 차별화 요소를 발굴해 집중적으로 시행하는 데도 어려움을 겪었다.

무엇보다 판매정책이나 요금제 등 매출에 영향이 큰 영역에 대한 효과적인 개선안 도출이 미흡했다. 핵심 고객가치의 부재로 CEM 추진의 구심점이 없었으며 구호에 그친 CEM 추진으로 인해 실질적인 CEM 문화 확산 측면에서도 미흡한 모습을 보였다.

이에, 쉽게 달성할 수 없는 높은 수준의 목표를 설정하고 각 단위 조직별로 CEI 수준을 향상시킬 수 있도록 각 실이나 본부별로 자체적으로 KPI의 목표수준을 정하도록 했다.

고객경험관리란 조직 내부에서 시작되는 것이 아니라 고객으로부터 시작되는 것이다. 구성원들이 할 수 있는 과제가 중요한 것이 아니라 고객이 원하는 내용의 과제를 제대로 뽑아서 추진하는 것이 필요했다. 그저 할 수 있는 것을 하는 것이 아니라 해야 할 것을 정확하게 파악하고 꼭 필요한 과제를 선정함으로써 분위기를 과제 선정에 대해서 좀 더 적극적으로 바꾸어 갈 수 있었다.

Question 5
조직 구성원들을 위한 변화관리는?
사내외 커뮤니케이션 강화로 공감대 형성

구성원들의 혼선을 해소하다

고객경험관리 도입 초창기만 해도 기존 CS와 CV경영의 차이점에 대한 이해 부족으로 조직 내에서 혼선이 발생하는 모습이었다. '고객경험'이라는 개념에 대한 구성원들의 공감대 형성이 부족한 상태에서 과제 도출을 추진하다보니 혼선이 발생하기도 했다.

직원들은 기존에 해오던 활동을 차별성 없이 말만 바꾼 것은 아닌지 의심하기도 했고, 또 다른 KPI만 하나 추가되는 것은 아닌지 불신의 눈으로 보고 있었다.

이에, 고객경험관리는 제품이나 서비스에 대한 만족과 불만족에 영향을 주는 고객의 경험을 세분화해서 체계적으로 관리하는 프로세스이며, 고객의 감성과 주관적 경험까지 고려한 접근법이라는 것을 구성원들에게 설득했다.

고객경험관리가 하나의 조직문화로 자리 잡도록 하기 위해서는 교육 및 사내외 커뮤니케이션 강화로 공감대 형성 및 구성원 마인드셋 변화를 유도했다. 이와 함께 고객경험관리 도입의 배경과 목적, 추진 현황에 대한 전방위적 설명회와 교육을 통해 설득하고 적절한 평가와 성과에 대한 보상책도 마련했다.

CEI 평가와 CE 과제 중심으로 경영층의 정성 평가를 혼합한 평가체계를 구축하고 각 CEI별 고객경험수준의 정기적인 측정을 통해 지속적인 지표 관리에 나섰다.

캠페인을 통해 고객경험관리 우수 사례를 지속적으로 발굴하고 포상했으며 실천 우수 사례를 발굴해 전사에 공유하고 접점에 전파했다. 꾸준하고 지속적인 고객경험관리를 추진함으로써 구성원들에게 이 활동이 잠시 하다가 마는 것이 아니라 지속적으로 하는 것이라는 인식을 갖게 했다.

어느 정도 시간이 흐르자 누가 시키거나 특별한 이벤트가 없어도 업무의 일부로서 자연스럽고 당연하게 받아들일 수 있는 수준으로 내재화되어 조직의 문화로 자리 잡았다.